정보공개란 무엇인가

차 례
Contents

정보공개의 필요성

정부나 기업 등의 비윤리적 행위에 관한 비밀문서를 폭로하는 웹 사이트 위키리크스(WikiLeaks, www.wikileaks.ch)가 세계 각국의 정보공개제도를 송두리째 흔들고 있다. 위키리크스는 그동안 아프리카 연안 유독물질 투기 관련 메모, 영국 극우파 정당(BNP) 당원 명부, 쿠바 관타나모 미국 해군기지 수용소의 운영 세칙, 스위스은행 관련 문건 등을 폭로했다. 2010년에는 이라크에서 미군 아파치 헬기가 기자를 포함한 민간인 12명을 사살하는 동영상, 아프가니스탄 전쟁과 이라크 전쟁 관련 기밀문건 수십만 건 등을 공개하여 큰 충격을 주었다.

민주주의를 내세우는 나라들은 모두 국민의 알권리와 언론의 자유를 존중한다고 말한다. 하지만 위키리크스가 공개한 미국 외교전문 등이 보여 주듯이 미국을 비롯한 각국 정부는 겉 다르고 속 다른 행태를 보였다.

위키리크스 설립자 줄리언 어산지(Julian Paul Assange)는 위키리크스의 존재 이유가 정부의 비밀을 공개하여 국민의 알권리를 보호하고, 국민 스스로 중요한 결정을 내릴 수 있도록 필요한 정보를 제공해 주는 것이라고 말했다. 위키리크스의 폭로 때문에 각국 정부의 밀실주의와 무조건적인 비밀주의가 드러나게 되었다.

그러나 역설적으로 바로 그 점 때문에 위키리크스가 전통적인 정보공개제도를 약화시키고 있다는 지적이 있다. 까다로운 절차를 거쳐야 하고 툭하면 이런저런 사유로 비공개결정이 내려지는 정보공개제도를 이용하기보다 손쉽게 해킹 등의 방법으로 정보를 취득하는 것이 더 낫다는 인식이 확산된다면 오히려 정보공개제도가 위축될 수도 있다는 우려이다.

국민의 알권리를 실질적으로 실현하는 수단인 정보공개제도를 잘 이해하고 활용하는 것은 매우 중요하다. 특히 행정 감시를 목적으로 하는 정보공개청구에 있어서는 행정에 관한 정보가 존재한다는 사실도 중요하지만 마땅히 있어야 할 정보가 존재하지 않는다는 사실을 정보공개청구를 통해서 확인하는 일도 중요하다. 마땅히 있어야 할 정보가 없는 것은 그 자체가 실정법 위반이기 때문이다. 예를 들어 정치적인 중립성과 기관의 독립성을 위해 선거관리위원, 감사위원, 방송통신위원 등은 정당에 가입하거나 정치활동을 하는 것이 금지되고 있다(선거관리위원회법 제9조 제1호, 감사원법 제10조, 방송통신위원회의 설치 및 운영에 관한 법률 제10조 등). 그런데 이들이 정당에 가입하였는지 또는 정치활동을 하였는지를 확인하기 위해서는 정보공개청구가 유용한 방법이 될 수 있다.

정보공개의 필요성을 말해 주는 또 다른 예로는 대통령의 사면권 행사를 들 수 있다. 부패한 정치인이나 불법을 저지른 기업인 등에 대한 대통령의 봐주기 식 사면권 행사는 자주 비판의 대상이 된다. 재판 확정 후에 중대한 사정변경이 없는데도 도대체 어떤 사유로 사면복권이라는 특혜를 주느냐는 것이다. 대통령과 법무부장관을 상대로 사면에 관한 정보공개청구를 해 보면 단지 국무회의 의사록이나 정부 발표문만 덜렁 내놓기 일쑤다. 사면의 사유는 단지 사면권자의 머릿속에만 존재하는 것이다. 이 외에도 환경영향평가나 교통영향평가 등 법적인 서류가 미비한데도 정책이 결정되는 경우가 적지 않다. 따라서 이런 문제들을 해결하는 동시에 민주주의를 신장하고 법치주의를 확립하기 위해서 정보공개제도에 대한 이해와 활용이 절실하다.

정보공개란 무엇인가

정보공개와 알권리

우리 헌법 제21조 제1항은 "모든 국민은 언론·출판의 자유를 가진다."고 명시하여 언론의 자유를 국민의 기본권으로 보장한다. 언론의 자유는 전통적으로 사상 또는 의견의 자유로운 표명(발표의 자유)과 그것을 전파할 자유(전달의 자유)를 의미한다. 이는 개인이 인간으로서 존엄과 가치를 유지하고 행복을 추구하며 국민주권을 실현하는 데 꼭 필요한 것으로, 오늘날 민주국가에서 국민이 갖는 가장 중요한 기본권의 하나로 인식되고 있다.

사상 또는 의견의 자유로운 표명은 자유로운 의사의 형성을 전제로 한다. 자유로운 의사의 형성은 충분한 정보에의 접근이 보장됨으로써 비로소 가능한 것이며, 자유로운 의견 표명은 자유로운 수용 또는 접수와 불가분의 관계에 있다. 그러한 의미에서 정보에의 접근, 수집, 처리의 자유, 즉 알권리는 표현의 자유에 당연히 포함된다.

알권리는 일반적으로 접근할 수 있는 정보를 받아들이고 받아들인 정보를 취사·선택할 수 있는 권리(소극적 자유)와 의사형성·여론형성에 필요한 정보를 적극적으로 수집할 수 있는 권리(적극적 자유)를 말한다.

이와 관련하여 시민적 및 정치적 권리에 관한 국제규약(B규약) 제19조 제2항은 "모든 사람은 표현의 자유에 대한 권리를 가진다. 이 권리는 구두, 서면 또는 인쇄, 예술의 형태 또는 스스로 선택하는 기타의 방법을 통하여 국경에 관계없이 모든 종류의 정보와 사상을 추구하고 접수하며 전달하는 자유를 포함한다."고 천명하고 있다.

정보공개제도

정보공개제도는 헌법상 기본권인 국민의 알권리를 구체적으로 실현하고 국민주권주의를 실질적으로 보장하는 민주주의의 핵심적인 장치이다.

국민의 올바른 정치적 의사형성은 국정에 관한 광범위하면서도 정확한 정보 접근이 보장될 때 가능하다. 정보공개제도는 국민의 정보 접근권을 실질적으로 실현하여 국정에 대한 국민의 참여 욕구를 충족시키고, 정책 과정을 투명하게 공개함으로써 국민의 감시와 비판을 제도적으로 보장한다. 이러한 과정을 통해 정부는 국민의 신뢰와 적극적인 협조를 이끌어 낼 수 있다. 또한 지식정보사회에서 공공기관이 업무수행 과정에서 생산하거나 취득한 정보는 다양한 부가가치를 창출하는데, 이를 국민들이 유용하게 쓸 수 있도록 제공하는 것은 국가의 의무라고도 할 수 있다.

이처럼 정보공개제도는 국가기관, 지방자치단체, 공기업, 공공기관이 보유·관리하고 있는 정보를 국민의 청구에 의해 공개하거나 중요 정보를 사전에 국민에게 제공함으로써 국민의 알권리를 보장하고 국정운영에 대한 국민 참여와 투명성을 제고시키기 위한 제도적 장치를 의미한다.

우리나라는 정보공개법을 통해 국민의 알권리에 관해 필요한 사항을 정하고 있다. 정보공개법은 좁은 의미로는 '공공기관의 정보공개에 관한 법률(2010. 2. 4. 개정 법률 제10012호)'[1]을 말하나 넓게는 지방자치단체의 정보공개에 관한 조례를 포함하여 국가, 지방자치단체 및 그 밖의 공공단체의 정보공개에 관한 법 일반을 포함한다.

우리나라 정보공개제도의 연혁[2]

우리나라에서 정보공개제도는 1980년대부터 학계에서 그 필요성이 꾸준히 제기되다가 1990년대에 들어서면서 정부 차원에서 본격적으로 논의되었다. 정보공개법 제정 이전에도 행정정보에 관한 알권리는 표현의 자유를 규정한 헌법 제21조에 의하여 보장받았다. 1991년 청주시는 지방자치단체 중 처음으로 행정정보공개조례를 제정하였고[3] 1994년에는 행정정보공개 운영지침(국무총리훈령 제288호)이 제정·시행되었다. 그러다 마침내 1996년 '공공기관의 정보공개에 관한 법률'이 공포되어, 1998년 1월 1일부터 시행되었다.

이후 2004년에는 정보공개청구 건수의 지속적인 증가, 정보공개 확대에 대한 국민적 요구를 반영하여 정보공개법을 전면 개정하였다. 그 주요 내용은 전자적 정보공개의 근거 마련, 행정정보 사전 공표 및 정보목록 작성·비치 의무화, 정보공개 처리기간 단축(15일에서 10일), 추상적인 비공개 요건 삭제, 정보공개위원회의 설치, 민간위원을 과반수 포함한 정보공개심의회 구성 등이다. 이어 2006년에는 공공기관이 정보공개의 범위를 자의적으로 해석하거나 축소하는 문제점을 해결하기 위해 비공개대상정보의 범위에 관한 세부 기준을 수립·공개하도록 정보공개법을 개정했다. 하지만 2008년 2월 이명박 정부가 출범하면서 기존의 대통령 소속이던 정보공개위원회를 행정안전부장관 소속 기구로 격하시켰다.

한편 2007년 5월에는 기존의 정보공개법과 별개로 교육관련기관이 보유·관리하는 정보의 공개의무와 공개에 관해 '교육관련기관의 정보공개에 관한 법률'이 제정되어 2008년 5월 25일부터 시행되고 있다.

정부는 2004년 전자적 정보공개의 근거가 마련된 이후 국민이 보다 편리하고 신속하게 공공기관 정보에 접근할 수 있도록 시스템을 개선했다. 2006년 4월에는 정보공개시스템(www.open.go.kr)을 개통하여 온라인을 통한 서비스를 본격적으로 제공했다. 이 시스템은 현재 중앙행정기관, 지방자치단체, 교육청 등 정보공개 대상기관의 정보목록 검색, 정보공개청구, 수수료 납부, 공개자료 열람 등을 한 번에 처리해 주는 원스톱 서비스를 제공하고 있다.

또한 국민의 청구가 없더라도 사전에 적극적으로 정보를 제공하는 정부 사이트들이 구축되어 운영되고 있다. 정책연구 용역 정보를 제공하는 프리즘(www.prism.go.kr), 공공기관의 경영정보를 제공하는 공공기관 알리오(www.alio.go.kr), 지방자치단체의 행정정보를 종합적으로 제공하는 내고장살림(www.laiis.go.kr), 지방공기업의 경영정보를 제공하는 클린아이(www.cleaneye.go.kr), 교육관련기관의 정보를 제공하는 대학알리미(www.academyinfo.go.kr)와 학교알리미(www.schoolinfo.go.kr) 등이 바로 그것이다.

각국의 정보공개제도

객관적 정보공개청구권제도로서의 정보공개제도를 처음 만든 나라는 스웨덴이다. 1766년 제정된 '출판의 자유에 관한 법률(Freedom of the Press Act)'은 그 명칭에서 나타나는 바와 같이 출판의 자유를 확립하기 위해 사전검열을 원칙적으로 금지하고 공문서 인쇄·배포의 자유를 인정하는 동시에 공문서 접근 권도 보장했다. 핀란드는 1951년에 '공문서의 공개성에 관한 법률(The Law on the Public Character of Official Document)'을 제정했다. 덴마크는 1950년, 노르웨이는 1970년, 프랑스는 1978년에 각각 정보공개법을 제정했다.

1949년 제정된 독일기본법(헌법)도 "누구든지 말, 글 그리고 그림으로써 자유로이 의사를 표현하고 전파하며, 일반적으로 접근할 수 있는 정보원으로부터 방해를 받지 않고 정보를 얻을 권리를 가진다."고 규정하여(제5조 제1항) 일찍부터 정보공개청구권을 국민의 알권리로 인정했다. 그 후 독일은 2005년 연방정보공개법을 제정했다.

영국에서는 1985년에 지방자치(정보접근)법에 의해 지방자치단체에 관한 정보공개제도가 인정되다가 2000년에 정보공개법이 제정되었다. 구 영연방국가인 오스트레일리아, 캐나다 및 뉴질랜드는 1982년에 각각 정보공개법을 제정했다.

한편 1946년 연방행정절차법(Administrative Procedure Act, APA)에 정보에 대한 접근권을 포함했던 미국은 1966년에 정보자유법(Freedom of Information Act)을 제정하여 정보공개제도를 전 세계에 널리 보급하는 계기를 마련했다. 이 법은 행정정보에 특별한 이해관계를 갖는 자에 한정하지 않고 누구라도 (anyone) 정보공개를 청구할 수 있도록 하였고 열거된 예외사유에 해당되지 않는 한 행정정보의 공개를 의무화시켰으며 공개의 거부에 대하여는 법원에 의한 구제를 보장하는 등 획기적인 내용을 담고 있다. 이 법은 그 후 각국의 정보공개법의 제정과 그 내용에 큰 영향을 주었다.

미국은 정보공개법에 만족하지 않고 다음 세 가지 법을 제정하여 정보자유의 이념을 다시 확대·발전시켰다. 첫째, 국민 각자는 자기에 관하여 정부가 수집한 정보를 알권리가 있으며 그 개인정보를 정부가 함부로 이용할 수 없도록 하는 프라이버시법(Privacy Act of 1974)을 제정했다. 둘째, 행정부의 문서를 공개할 뿐만 아니라 정책의 결정과정인 모든 회의까지 공개하는 선샤인법, 즉 회의공개법(Government in the Sunshine Act of 1976)을 제정했다. 셋째, 정책결정의 책임 부서에 있는 정치인, 고급공무원, 법관 등의 자산과 수입을 공개하여 국민생활에 중대한 영향을 주는 결정과 판단에 사적인 작용을 하지 못하도록 하는 정부윤리법(Ethics in Government Act of 1978)을 제정했다.

아시아에서는 한국이 1996년에 아시아 최초로 정보공개법을 제정했다. 태국은 1997년, 이스라엘은 1998년, 일본은 1999년, 인도와 대만은 2003년에 각각 정보공개법이 제정되었다.

중남미에서는 콜롬비아가 1985년, 베네수엘라가 1994년, 아르헨티나 부에노스아이레스 시가 1998년에 정보공개법을 제정했다. 아프리카에서는 남아프리카 공화국이 2000년에 정보공개법을 제정했다.

정보공개와 정보공표의무

일반적으로 정보공개는 국민의 알권리를 보장하고 국정에 대한 국민의 참여와 국정운영의 투명성을 확보하기 위하여 공공기관이 보유·관리하는 정보를 열람하게 하거나 그 사본 또는 복제물을 교부하는 것을 말한다(제1조). 그러므로 좁은 의미의 정보공개제도는 국민의 공개청구권 행사에 따라 행해지는 정보공개청구권제도를 말한다. 그러나 넓은 의미의 정보공개제도는 정부 등 공공기관의 재량에 의해 행해지는 정보제공제도와 국민의 공개청구권을 전제하지 않고 일정한 정보의 공개의무가 부과되는 정보공표의무제도를 포함한다.

하지만 정보공개와 정보제공 또는 정보공표는 구별해야 한다. 정보제공 또는 정보공표라는 것은 국가나 공공기관이 일정한 행정목적을 위하여 정보를 선택하고 재량적으로 제공하는 것이다. 반면 정보공개는 국민이 정보의 공개를 청구한 경우 정부가 일정한 예외사유에 해당하지 않는 한 정보를 공개해야 하는 것을 말한다. 정부에게 불리한 정보라 하더라도 공개를 거부하거나 은폐하는 것은 원칙적으로 허용되지 않는다.

정보제공 또는 정보공표의무와 관련하여 현행 정보공개법에서는 국가 등 공공기관은 ① 국민생활에 매우 큰 영향을 미치는 정책에 관한 정보 ② 국가의 시책으로 시행하는 공사 등 대규모의 예산이 투입되는 사업에 관한 정보 ③ 예산집행의 내용과 사업평가 결과 등 행정감시를 위하여 필요한 정보 ④ 그 밖

에 공공기관의 장이 정하는 정보에 대하여는 정보공개법 제9조
제1항에 규정된 비공개대상정보가 아닌 한 공개의 구체적 범
위, 공개의 주기·시기 및 방법 등을 미리 정하여 공표하고, 이
에 따라 정기적으로 공개해야 한다고 규정한다(제7조 제1항).

정보공개법 시행령은 이를 좀 더 구체화하여 공공기관은 ①
식품·위생, 환경, 복지, 개발사업 등 국민의 생명·신체 및 재
산 보호와 관련된 정보 ② 교육·의료·교통·조세·건축·상하수
도·전기·통신 등 국민의 일상생활과 관련된 정보 ③ '국가를
당사자로 하는 계약에 관한 법률 시행령' 제92조의2에 따른 계
약관련 정보 ④ '지방자치단체를 당사자로 하는 계약에 관한
법률 시행령' 제31조에 따른 수의계약 내역 정보 ⑤ '국가재정
법' 제9조에 따른 재정정보 ⑥ '지방재정법' 제60조에 따른 재
정운용상황에 관한 정보 ⑦ 그 밖에 법령에서 공개, 공표 또는
공시하도록 정한 정보 ⑧ 국회 및 지방의회의 질의 및 그에 대
한 답변과 국정감사 및 행정사무 감사 결과에 관한 정보 ⑨ 기
관장의 업무추진비에 관한 정보 ⑩ 그 밖에 공공기관의 사무
와 관련된 ①~⑨에 준하는 정보를 포함하여 국민에게 알려야
할 필요가 있는 정보를 정보통신망을 이용하거나, 정부간행물
의 발간·판매 등 다양한 방법으로 국민에게 공개하도록 규정
하고 있다(시행령 제4조 제1항~제2항).

한편 정보공개법이 아닌 개별 법률에서 적극적으로 정보공
표의무를 규정하는 경우도 있다.

전자정부법은 행정기관의 주요 업무는 전자화되어야 하며,

전자적 처리가 가능한 업무는 특별한 사유가 있는 경우를 제외하고는 전자적으로 처리되어야 한다(제8조)는 전제에서, 행정기관이 보유·관리하는 행정정보로서 국민생활에 이익이 되는 행정정보는 법령의 규정에 의하여 공개가 제한되는 경우를 제외하고는 인터넷을 통하여 적극적으로 공개되어야 한다(제9조)고 규정하고 있다.

국가재정법은 정부로 하여금 예산, 기금, 결산, 국채, 차입금, 국유재산의 현재액 및 통합재정수지 그 밖에 대통령령이 정하는 국가와 지방자치단체의 재정에 관한 중요한 사항을 매년 1회 이상 정보통신매체·인쇄물 등 적당한 방법으로 알기 쉽고 투명하게 공표하도록 의무화하고 있다(제9조 제1항).

소비자기본법은 국가 및 지방자치단체는 소비자의 기본적인 권리가 실현될 수 있도록 소비자의 권익과 관련된 주요시책 및 주요결정사항을 소비자에게 알려야 하며(제13조 제1항), 소비자가 물품 등을 합리적으로 선택할 수 있도록 하기 위하여 물품 등의 거래조건·거래방법·품질·안전성 및 환경성 등에 관련되는 사업자의 정보가 소비자에게 제공될 수 있도록 필요한 시책을 강구해야 한다(제13조 제2항)고 명시하고 있다.

통계법도 통계작성기관이 통계를 작성한 때에는 원칙적으로 그 결과를 지체 없이 공표해야 한다(제27조 제1항)고 규정한다.

사회보장기본법은 국가 및 지방자치단체는 국민이 사회보장제도에 관하여 필요로 하는 정보를 관계 법령이 정하는 바에 의하여 공개하고 또 이를 홍보해야 하며, 사회보장에 관한 정보를 관리하는 체계를 확립하도록 강제하고 있다(제30조).

또한 '공공기관의 운영에 관한 법률'에 따라 이 법률의 적용을 받는 공공기관은 국가안보상 필요한 경우가 아닌 한 ① 경영목표와 예산 및 운영계획 ② 결산서(재무제표와 그 부속서류를 포함) ③ 임원 및 운영인력 현황 ④ 인건비 예산과 집행 현황 ⑤ 실시된 고객만족도 조사 결과 ⑥ 공기업·준정부기관의 경영실적 평가 결과 ⑦ 정관·사채원부 및 이사회 회의록(다만, 이사회 회의록 중 경영 비밀에 관련된 사항은 제외) ⑧ 감사의 감사보고서 ⑨ 감사원법의 규정에 따라 변상책임 판정, 징계·시정·개선 요구 등을 받거나 '국정감사 및 조사에 관한 법률'의 규정에 따라 시정요구를 받은 경우 그 내용과 그에 대한 공공기관 등의 조치사항 ⑩ 그 밖에 공공기관의 경영에 관한 중요한 사항으로서 기획재정부장관이 운영위원회의 심의·의결을 거쳐 공시하도록 요청한 사항을 인터넷 홈페이지를 통하여 공시해야 하고, 사무소에 필요한 서류를 비치해야 한다(제11조 제1항~제2항). 공시된 사항에 대한 열람이나 복사를 요구하는 자에 대하여는 이를 열람하게 하거나 그 사본이나 복제물을 내주어야 한다(제11조 제3항).

행정절차법도 행정청이 ① 국민생활에 매우 큰 영향을 주는 사항 ② 많은 국민의 이해가 상충되는 사항 ③ 많은 국민에게 불편이나 부담을 주는 사항 ④ 기타 널리 국민의 의견수렴이 필요한 사항에 대한 정책·제도 및 계획을 수립·시행하거나 변경하고자 하는 때에는 특별한 사정이 없는 한 이를 20일 이상

예고하도록 하고 있다(제46조).

정보공개의 쟁점

알권리의 한계

알권리가 타인의 기본권을 함부로 침해하는 권리를 의미하는 것은 아니다. 알권리도 헌법유보(헌법 제21조 제4항)와 일반적 법률유보(헌법 제37조 제2항)에 의해 제한될 수 있다. 그래서 개별 법률은 알권리를 제한하는 규정을 두고 있다. 그러나 그 제한은 본질적 내용을 침해하지 않은 범위 내에 그쳐야 한다. 아울러 국가안보, 질서유지, 공공복리 등 기본권 제한 개념을 보다 구체적으로 정하는 기준을 정립해야 하며, 제한에서 오는 이익과 알권리를 침해하는 해악을 비교하여 그 제한의 한계를 설정해야 한다.

정보공개와 개인정보보호

헌법 제17조는 "모든 국민은 사생활의 비밀과 자유를 침해받지 아니한다."고 규정하여 사생활의 비밀과 자유를 국민의 기본권으로 보장하고 있다.

이를 제도적으로 보장하기 위하여 개인정보보호법이 시행되고 있다.[4] 이 법은 개인정보의 수집·유출·오용·남용으로부터 사생활의 비밀 등을 보호함으로써 국민의 권리와 이익을 증진하는 데에 목적이 있다. 이를 위해 개인정보보호법은 개인의 존엄과 가치를 구현하기 위하여 개인정보 처리에 관한 사항을 규정하고 있다.

정보공개제도와 개인정보보호제도는 동전의 앞뒷면과 같이 매우 밀접한 관계가 있다. 정보공개제도는 국민 누구에게나 국정정보를 공개하는 것을 원칙으로 하여 공정하고 민주적인 국정운영을 실현하고자 하는 것인 반면 개인정보보호법은 개인정보의 보호를 위한 기본원칙을 규정함으로써 개인의 권리와 이익 보호를 도모한다. 따라서 정보공개법은 국민 누구에게나 정보를 공개하는 반면 개인정보보호법은 기본적으로 본인에게만 정보를 공개한다는 차이가 있다. 또한 정보공개제도는 국정정보 전반의 공개에 관한 절차를 중점적으로 규정하는 반면 개인정보보호법은 개인정보의 보유와 이용·제공의 제한, 안전·정확성의 확보, 개인정보파일의 공시, 개인정보의 본인에의 공개, 개인정보 정정 등을 규정한다.

그러나 두 제도는 일정한 정보의 공개를 내포하고 있다는 공통점이 있다. 정보공개가 청구된 경우 과연 그 대상정보에 포함된 타인의 개인정보를 보호해야 하는가, 개인정보보호법과의 관계에 있어서 정보공개제도의 비공개사항을 어떻게 규정할 것인가 등의 문제에서 두 제도는 서로 관련성을 가지고 있으며, 이런 면에서 두 제도를 서로 조정해야 할 필요가 있다.

이에 정보공개법은 "당해 정보에 포함되어 있는 이름·주민등록번호 등 개인에 관한 사항으로서 공개될 경우 개인의 사생활의 비밀 또는 자유를 침해할 우려가 있다고 인정되는 정보

(개인정보)"는 원칙적으로 비공개대상정보로 규정하고 있다(제9조 제1항 제6호).

정보와 관련된 제3자의 권리

헌법은 적법절차 규정에서 행정기관이 국민에게 불이익한 행위를 할 경우에는 사전에 고지하고 청문의 기회를 주는 것을 요구하고 있다. 따라서 자기에 관한 정보가 공개되는 것에 의하여 불이익을 받을 제3자의 입장에서 사전의 고지와 청문의 기회가 부여되는 것은 헌법상의 권리이다.

제3자가 자기의 영업비밀이나 프라이버시에 속하는 정보가 공개되는 것을 막고자 한다면 정보공개 결정에 대한 제3자 취소심판이나 취소소송을 제기할 수 있다. 그러나 여기에는 중대한 맹점이 있다. 행정심판이나 행정소송의 제기만으로는 정보공개 결정의 효력을 저지할 수 없다는 것이다. 따라서 영업비밀이나 프라이버시에 속하는 개인정보 공개를 저지하고자 하는 제3자의 입장에서는 이러한 사후적 취소절차보다는 예방적 수단을 확보하는 것이 관건이다. 제3자에게는 공개되어서는 안 될 정보가 공개되기 전에 의견을 제출할 수 있는 기회가 주어져야 하며 정보공개를 허용하는 결정에 대해서는 그 정보를 사실상 공개하기 전에 행정심판과 취소소송을 제기할 수 있는 기회가 주어져야 한다. 사후 권리구제만으로는 권리 보호의 목적을 달성할 수 없기 때문이다.

물론 제3자가 정보의 공개에 반대한다고 하여 공공기관이 반드시 이에 따라야 하는 것은 아니다. 제3자가 공개에 반대한다 하더라도 공공기관은 공개청구된 정보가 정보공개법 제9조 제1항의 8가지 비공개대상정보에 해당되지 않는다고 판단할 경우에 이를 공개해야 한다.

우리나라 정보공개법은 공개청구된 공개대상정보의 전부 또는 일부가 제3자와 관련이 있다고 인정되는 때에는 공공기관은 그 사실을 제3자에게 지체 없이 통지해야 한다(제11조 제3항)고 규정하고 있다. 이러한 통지를 받은 제3자는 통지받은 날부터 3일 이내에 당해 공공기관에 대하여 자신과 관련된 정보를 공개하지 않을 것을 요청할 수 있다(제21조 제1항).

이는 공공기관이 보유·관리하고 있는 정보가 제3자와 관련이 있는 경우 그 정보공개여부를 결정함에 있어 공공기관이 제3자와의 관계에서 거쳐야 할 절차를 규정한 것에 불과할 뿐이다. 따라서 제3자의 비공개요청은 정보공개법상 정보의 비공개사유에 해당한다고 볼 수 없다.[5]

제3자의 비공개요청에도 불구하고 공공기관이 공개결정을 하는 때에는 공개결정이유와 공개실시일을 문서로 명시하여 지체 없이 제3자에게 통지해야 하며, 제3자는 당해 공공기관에 문서로 이의신청을 하거나 행정심판 또는 행정소송을 제기할 수 있다(제21조 제2항). 이를 역(逆) 정보공개소송이라고 한다. 이 경우 이의신청은 통지를 받은 날부터 7일 이내에 해야 하고, 공공기관은 공개결정일과 공개실시일의 사이에 최소한 30일의 간격을 두어야 한다(제21조 제3항).

정보공개와 기록물관리

공공기관의 기록물관리에 관한 기본 법률인 '공공기록물 관리에 관한 법률'은 공공기관의 투명하고 책임 있는 행정의 구현과 공공기록물의 안전한 보존 및 효율적 활용을 위하여 공공기록물의 관리에 관하여 필요한 사항을 정하는 것을 목적으로 한다(제1조). 즉 정보공개법과 마찬가지로 기록물관리법도 공공기관의 투명하고 책임 있는 행정 구현을 목적으로 삼고 있는 것이다.

기록물관리법에 따라 모든 공무원은 기록물을 보호·관리할 의무를 가지며(제4조 제1항), 공공기관 및 기록물관리기관의 장은 기록물이 국민에게 공개되어 활용될 수 있도록 적극적으로 노력해야 할 의무가 있고(제4조 제2항), 기록물이 전자적으로 생산·관리되도록 필요한 조치를 강구해야 하며 전자적 형태로 생산되지 않은 기록물에 대하여도 전자적으로 관리되도록 노력해야 한다(제6조). 이처럼 정보공개법과 기록물관리법은 상호 보완적인 입법목적을 갖고 있다. 기록물의 관리가 제대로 이루어지지 못하면 정보공개제도의 효율성이 현저히 낮아질 수밖에 없다.

정보공개와 공무원의 비밀엄수의무

공무원은 재직 중은 물론 퇴직 후에도 직무상 알게 된 비밀을 엄수해야 할 비밀엄수의 의무를 진다(국가공무원법 제60조). 국가공무원뿐 아니라 지방공무원(지방공무원법 제52조), 외무공무

원(외무공무원법 제19조), 국가정보원직원(국가정보원직원법 제17조) 등
도 이 의무를 가진다. 공무원이 법령상의 비밀엄수의무를 위반
하는 것은 징계사유에 해당될 뿐 아니라 형법상의 외교상기밀누
설죄나 공무상비밀누설죄(제127조) 등 형사처벌의 대상이 된다.

여기서 비밀엄수의무의 대상이 되는 비밀은 행정기관이 비
밀이라고 형식적으로 정한 것에 따르지 않고 비밀로서 실질적
으로 보호할 가치가 있는지, 즉 그것이 통상의 지식과 경험을
가진 다수인에게 알려지지 않은 비밀성을 가졌는지, 정부나 국
민의 이익 또는 행정목적 달성을 위하여 비밀로서 보호할 필
요성이 있는지 등이 객관적으로 검토되어야 할 것이다.[6] 그렇
다면 국가공무원법 등 행정기관의 공무원에게 비밀엄수의무를
과하고 있는 규정에 있어서 비밀이란 실질비(實質秘), 즉 공지의
사실이 아니고 실질적으로 그것을 비밀로서 보호할 가치가 있
는 것에 한정된다고 봐야 한다.

그런데 공무원이 정보공개제도에 따라 정보를 공개한 경우
공무원의 비밀엄수의무에 위반되는가가 문제이다. 공무원이 정
보공개법에 따라 정보를 공개하였는데 결과적으로 공개결정이
위법한 경우에는 공익상의 재량적 공개가 가능한 경우가 아닌
한 비공개정보는 공개해서는 안 된다는 직무상의 의무를 위반
한 것이라고 볼 여지가 있다. 또한 공개결정된 정보가 실질비에
해당하는 경우에는 비밀엄수의무 위반의 문제도 생길 수 있다.

이렇게 공무원이 정보공개법을 성실히 집행한 과정에서 잘
못하여 비공개대상정보를 공개결정한 경우에는 공무원의 비밀

엄수의무에 위반되지는 않는다고 봐야 한다. 호주 정보공개법 제92조와 뉴질랜드 정보공개법 제48조는 결과적으로 위법한 공개를 했더라도 정보공개법에 따라 정보공개청구가 인정된다고 믿고 공개를 한 자는 소추하지 않는다는 취지의 명문 규정을 두고 있다. 그러나 공무원이 청구인과 공모하여 공개청구에 따른 정보공개결정이라는 형태를 가장하여 고의로 실질비를 공개한 것과 같은 경우에는 비밀엄수의무를 위반한 것이 될 것이다.

정보공개는 어떻게 이루어지는가

정보공개의 원칙은 무엇인가

공공기관이 보유·관리하는 정보는 정보공개법이 정하는 바에 따라 공개해야 한다(제3조). 정보의 공개에 관해서는 다른 법률에 특별한 규정이 있는 경우를 제외하고는 정보공개법이 정하는 바에 의한다(제4조 제1항). 지방자치단체는 그 소관사무에 관하여 법령의 범위 안에서 정보공개에 관한 조례를 정할 수 있다(제4조 제2항).

정보공개법에서 정보란 공공기관이 직무상 작성 또는 취득하여 관리하고 있는 문서(전자문서 포함)·도면·사진·필름·테이프·슬라이드 및 그 밖에 이에 준하는 매체 등에 기록된 사항을 말한다(제2조 제1호). CCTV도 포함된다. 공개청구의 대상이 되는 정보는 공공기관이 직무상 작성 또는 취득하여 현재 보유·관리하고 있는 문서에 한정되는 것이기는 하나 그 문서가 반드시 원본일 필요는 없고 사본도 포함된다.[7]

또 공개란 공공기관이 정보공개법의 규정에 의하여 정보를 열람하게 하거나 그 사본·복제물을 교부하는 것 또는 정보통신망(전자정부법 제2조 제10호)을 통하여 정보를 제공하는 것 등을 말한다(제2조 제2호).[8]

그런데 정보공개법은 국가안전보장에 관련되는 정보 및 보안업무를 관장하는 기관에서 국가안전보장과 관련된 정보분석을 목적으로 수집되거나 작성된 정보에 대하여는 정보공개법을 적용하지 않는다고 규정하고 있다(제4조 제3항). 다만 정보목록에 대해서는 정보공개법에 따라 이를 작성·비치하고 공개해야 한다.

국회 회의의 공개 원칙

우리나라 헌법 제50조는 "① 국회의 회의는 공개한다. 다만, 출석의원 과반수의 찬성이 있거나 의장이 국가의 안전보장을 위하여 필요하다고 인정할 때에는 공개하지 아니할 수 있다. ② 공개하지 아니한 회의내용의 공표에 관하여는 법률이 정하는 바에 의한다."고 규정한다.

의사공개의 원칙은 의사진행의 내용과 의원의 활동을 국민에게 공개함으로써 민의에 따른 국회 운영을 실천한다는 민주주의적 요청에서 유래하는 것이다. 국회에서의 토론과 정책결정의 과정이 공개되어야 주권자인 국민의 정치적 의사형성과 참여, 의정활동에 대한 감시와 비판이 가능하게 된다. 또한 의사의 공개는 의사결정의 공정성을 담보하고 정치적 야합과 부패를 방지하는 역할을 하기도 한다.

이에 따라 국회법 제75조는 "① 본회의는 공개한다. 다만, 의장의 제의 또는 의원 10인 이상의 연서에 의한 동의로 본회의의 의결이 있거나 의장이 각 교섭단체대표의원과 협의하여 국가의 안전보장을 위하여 필요하다고 인정할 때에는 공개하지 아니할 수 있다. ② 제1항 단서에 의한 제의나 동의에 대하여는 토론을 하지 아니하고 표결한다."고 규정한다.

국회의 회의록은 국회의원에게 배부하고 일반에게 반포한다. 그러나 국회의장이 비밀을 요하거나 국가안전보장을 위하여 필요하다고 인정한 부분에 관하여는 발언자 또는 그 소속교섭단체대표의원과 협의하여 이를 게재하지 않을 수 있다. 다만 게재되지 않은 회의록 부분에 관하여 의원이 열람·복사 등을 신청한 때에는 정당한 사유가 없는 한 의장은 이를 거절하여서는 안 된다(국회법 제118조 제1항~제2항). 공개하지 않은 회의의 내용은 공표되어서는 안 되나 본회의의 의결 또는 의장의 결정으로 비공표의 사유가 소멸되었다고 판단되는 경우에는 이를 공표할 수 있는데(국회법 제118조 제4항), 공표할 수 있는 회의록은 일반에게 유상으로 반포할 수 있다(국회법 제118조 제5항).

또한 국회 본회의 또는 상임위원회의 의결로 공개하지 않기

로 한 경우를 제외하고는 의장 또는 위원장은 회의장 안(본회의
장은 방청석에 한한다.)에서의 녹음·녹화·촬영 및 중계방송을 국
회규칙이 정하는 바에 따라 허용할 수 있는데, 녹음·녹화·촬
영 및 중계방송을 하는 자는 회의장의 질서를 문란하게 하여
서는 안 된다(국회법 제149조의2 제1항~제2항).

법원 재판의 공개 원칙

헌법 제109조는 "재판의 심리와 판결은 공개한다. 다만, 심
리는 국가의 안전보장 또는 안녕질서를 방해하거나 선량한 풍
속을 해할 염려가 있을 때에는 법원의 결정으로 공개하지 아니
할 수 있다."고 규정한다.

법원의 공판은 원칙적으로 법정에서 행하는데(법원조직법 제
56조 제1항), 재판의 심리와 판결은 공개한다(법원조직법 제57조 제
1항). 다만 재판의 심리는 국가의 안전보장·안녕질서 또는 선량
한 풍속을 해할 우려가 있는 때에는 결정으로 이를 공개하지
않을 수 있는데, 심리 비공개결정은 이유를 개시하여 선고한다
(법원조직법 제57조 제2항). 반면 법원의 판결은 반드시 공개해야
한다.

법정의 질서유지는 재판장이 하는데, 재판장은 법정의 존엄
과 질서를 해할 우려가 있는 자의 입정금지 또는 퇴정을 명하
거나 기타 법정의 질서유지에 필요한 명령을 발할 수 있다(법원
조직법 제58조 제1항~제2항). 또한 누구든지 법정 안에서는 재판장
의 허가 없이 녹화·촬영·중계방송 등의 행위를 하지 못한다(법

원조직법 제59조). 심판의 합의도 공개하지 않는다(법원조직법 제65조).

정부 회의의 공개 원칙

2007년 4월부터 시행되고 있는 '공공기록물 관리에 관한 법률'은 국가기관 등 공공기관에 대해 기록물 생산의무를 부과하여 정책실명제와 회의록작성 의무제를 시행하고 있다. 즉 공공기관은 ① 법령의 제정 또는 개정 관련 사항 ② 조례의 제정 또는 개정이나 이에 상당하는 주요 정책의 결정 또는 변경 ③ 행정절차법에 의하여 행정예고를 해야 하는 사항 ④ 국제기구 또는 외국정부와 체결하는 주요 조약·협약·협정·의정서 등 ⑤ 대규모 사업·공사 ⑥ 그 밖에 기록물관리기관의 장이 조사·연구서 또는 검토서의 작성이 필요하다고 인정하는 사항 등 주요 정책 또는 사업 등을 추진하고자 하는 경우에는 미리 그 조사·연구서 또는 검토서 등을 생산해야 한다(제17조 제1항, 시행령 제17조 제1항). 조사·연구서 또는 검토서에는 ① 조사·연구 또는 검토 배경 ② 제안자 등 관련자의 소속·직급 및 성명 ③ 기관장 또는 관계기관의 지시·지침 또는 의견 ④ 관련 현황과 검토 내용 ⑤ 각종 대안과 조치 의견 ⑥ 예상되는 효과 또는 결과의 분석 등 사항이 포함되도록 하여(시행령 제17조 제2항) 이른바 정책실명제를 의무화하고 있다.

특히 공공기관은 ① 대통령이 참석하는 회의 ② 국무총리가 참석하는 회의 ③ 주요 정책의 심의 또는 의견조정을 목적으로 차관급 이상의 주요 직위자를 구성원으로 하여 운영하는 회의 ④ 정당과의 업무협의를 목적으로 차관급 이상의 주요 직위자가 참석하는 회의 ⑤ 개별법 또는 특별법에 따라 구성된 위원회 또는 심의회 등이 운영하는 회의 ⑥ 지방자치단체장, 교육감 및 교육장이 참석하는 회의 ⑦ 관계기관의 국장급 이상 공무원 3인 이상이 참석하는 회의 ⑧ 그 밖에 회의록의 작성이 필요하다고 인정되는 주요 회의의 회의록·속기록 또는 녹음기록을 작성해야 한다(제17조 제2항, 시행령 제18조 제1항). 회의록에는 회의의 명칭, 개최기관, 일시 및 장소, 참석자 및 배석자 명단, 진행 순서, 상정 안건, 발언 요지, 결정 사항 및 표결 내용에 관한 사항이 포함되어야 하고, 전자기록생산시스템을 통해 회의록을 생산 또는 등록하여 관리해야 한다(시행령 제18조 제2항).

누가 정보공개를 청구할 수 있는가

정보공개는 모든 국민이 청구할 수 있다(제5조 제1항). 모든 국민에는 미성년자, 재외국민, 수형인도 포함된다. 외국인도 국내에 일정한 주소를 두고 거주하거나 학술·연구를 위하여 일시적으로 체류하는 자이거나 국내에 사무소를 두고 있는 법인 또는 단체는 정보공개를 청구할 수 있다(제5조 제2항, 시행령 제3조). 공무원도 개인 자격으로 공공기관에 대해 정보공개청구를 할 수 있으며, 사법(私法)상의 사단법인·재단법인, 공법상의 법인, 종중(宗中)이나 동창회 등 단체 및 기관도 정보공개를 청구할 수 있다.

공공기관 등의 공문서는 어문규범에 맞추어 한글로 작성해야 한다(국어기본법 제14조). 따라서 국내에 거주하는 외국인이나 외국에 거주하고 있는 재외국민이 정보공개청구서를 작성할 때에도 한글로 써야 한다. 외국인이나 재외국민이 정보공개를 청구하는 경우에도 소정의 절차에 따른 수수료를 납부해야 한다.

정보를 공개해야 하는 공공기관은 어디인가

공공기관의 범위

정보를 공개해야 할 공공기관은 다음과 같다(제2조 제3호). ① 국가기관(행정부, 국회, 법원, 헌법재판소, 중앙선거관리위원회 및 각 산하기관) ② 지방자치단체(특별시·광역시·도 및 시·군·구, 사업소, 출장소와 소방기관, 교육훈련기관, 보건진료기관, 시험연구기관 등 직속기관, 지방의회 등 합의제 행정기관, 시·도 교육위원회 및 지역 교육청) ③ '공공기관의 운영에 관한 법률' 제4조에 의한 공공기관(공기업, 준정부기관 및 기타공공기관) ④ 초·중등교육법 및 고등교육법 그 밖에 다른 법률에 의하여 설치된 각급학교[9] ⑤ 지방공기업법에 의한 지방공사 및 지방공단과 지방자치단체가 출자·출연한 기관(지역장학재단, 지방의료원, 지역발전연구원 등 포함) ⑥ 특별법에 의하여 설립된 특수법인 ⑦ 사회복지사업법 제42조 제1항의 규정에 의하여 국가 또는 지방자치단체로부터 보조금을 받는 사회복지법인과 사회복지사업을 하는 비영리법인.

공공기관의 의무

공공기관은 정보의 공개를 청구하는 국민의 권리가 존중될 수 있도록 정보공개법을 운영하고 소관 관련법령을 정비해야 한다(제6조 제1항). 또한 공공기관은 정보의 적절한 보존과 신속한 검색이 이루어지도록 정보관리체계를 정비하고, 정보공개업무를 주관하는 부서 및 담당하는 인력을 적정하게 두어야 하며, 정보통신망을 활용한 정보공개시스템 등을 구축하도록 노력해야 한다(제6조 제2항). 다음으로 공공기관은 국민생활에 매우 큰 영향을 미치는 정책에 관한 정보 등을 미리 정하고, 이를 정기적으로 공개해야 한다(제7조 제1항). 공공기관은 위 사항 외에도 국민이 알아야 할 필요가 있는 정보를 국민에게 공개하도록 적극적으로 노력해야 한다(제7조 제2항).

공공기관은 당해 기관이 보유·관리하는 정보에 대하여 국민이 쉽게 알 수 있도록 정보목록을 작성·비치하고, 그 목록을 정보통신망을 활용한 정보공개시스템 등을 통하여 공개해야 한다(제8조 제1항). 정보목록에는 문서제목·생산연도·업무담당자·보존기간 등이 포함되어야 한다(시행령 제5조 제1항). 다만, 정보목록 중 공개하지 않을 수 있는 정보가 포함되어 있는 경우에는 당해 부분을 비치 및 공개하지 않을 수 있다.

또 공공기관은 정보의 공개에 관한 사무를 신속하고 원활하게 수행하기 위하여 정보공개장소를 확보하고 공개에 필요한 시설을 갖추어야 한다(제8조 제2항). 이를 위해 공공기관은 정보공개절차를 국민이 쉽게 알 수 있도록 정보공개청구 및 처리절차, 정보공개청구 서식, 수수료 그 밖의 주요사항이 포함된 정보공개편람을 작성·비치하고, 청구인의 편의를 도모하기 위하여 정보공개청구서식·컴퓨터단말기 등을 비치해야 한다(시행령 제5조 제2항~제3항). 따라서 청구인은 정보의 공개를 구하고자 하는 공공기관에서 발행한 정보공개편람 등을 미리 참고하면 많은 도움을 얻을 수 있다.

정보공개책임관의 지정

중앙행정기관의 장, 특별시장·광역시장·도지사·특별자치도지사, 시장·군수·(자치구) 구청장, 특별시·광역시·도·특별자치도의 교육감은 소속 공무원 중에서 정보공개책임관을 지정하여 ① 정보공개심의회 운영 ② 소속 기관에 대한 정보공개 사무의 지도·지원 ③ 정보공개 담당 공무원의 정보공개 사무처리 능력 발전을 위한 교육·훈련 ④ 정보공개청구인에 대한 정보공개청구 지원 등 정보공개에 관한 사무를 수행하게 할 수 있다(시행령 제11조의2).

정보공개는 어떻게 청구하는가

정보공개 청구방법

정보의 공개를 청구하는 자(청구인)는 당해 정보를 보유하거나 관리하고 있는 공공기관에 대하여 청구인의 이름·주민등록번호·주소 및 연락처(전화번호·전자우편주소 등), 공개를 청구하는 정보의 내용 및 공개방법을 기재한 정보공개청구서를 제출하거나 구술로써 정보의 공개를 청구할 수 있다(제10조 제1항). 정보공개를 청구하는 이유나 목적은 굳이 기재할 필요가 없다.

정보공개청구서는 공공기관에 직접 출석하여 제출하거나 우편·모사전송(fax) 또는 정보통신망에 의하여 제출한다(시행령 제6조 제1항). 공공기관은 정보공개청구서를 접수한 때에는 정보공개처리대장에 기록하고 청구인에게 접수증을 교부해야 한다. 구술로 정보의 공개를 청구하는 때에는 담당공무원 또는 담당임·직원의 면전에서 진술해야 하고, 담당공무원 등은 정보공개청구 조서를 작성하고 이에 청구인과 함께 기명·날인해야 한다(제10조 제2항). 이와 별개로 정보공개시스템(www.open.go.kr)에 연계된 공공기관의 홈페이지를 통하여 전자적 정보공개청구를 할 수도 있다.

그런데 정보공개청구서의 기재 사항 중 가장 중요한 사항은 공개를 청구하는 정보의 내용이다. 공개를 청구하는 정보의 내용을 확인하기 위해서는 먼저 공공기관이 작성·비치하는 정보목록에서 관련된 정보가 있는지를 찾아봐야 한다. 정보공개법 제9조 제1항은 "공공기관이 보유·관리하는 정보는 공개대상이 된다."고 규정하고 있는데, 여기에서 말하는 공공기관이 보유·관리하는 정보란 당해 공공기관이 작성하여 보유·관리하고 있는 정보뿐만 아니라 경위를 불문하고 당해 공공기관이 보유·관리하고 있는 모든 정보를 의미한다. 따라서 제3자와 관련이 있는 정보라고 하더라도 당해 공공기관이 이를 보유·관리하고 있다면 정보공개의 대상에 해당한다. 만약 정보목록만으로 원하는 정보를 확인할 수 없을 때에는 청구인이 구하고자 하는 정보의 내용을 일반인의 관점에서 청구대상정보의 내용과 범위를 확정할 수 있을 정도로 가급적 자세하게 기재하는 것이 바람직하다.[10]

다음으로 청구인은 공개를 구하는 정보와 관련된 관계 법령의 내용을 확인해 볼 필요가 있다. 관계 법령에서 그에 관한 일정한 문서나 서식, 양식 등을 명시하거나 요구하는 경우가 많기 때문이다. 그럼에도 불구하고 청구인이 공개를 구하는 정보가 없는 경우에는 해당 공공기관은 정보 부존재를 이유로 정보 비공개결정을 하게 된다. 공공기관이 그 정보를 보유·관리하고 있지 않은 경우에는 특별한 사정이 없는 한 정보공개거부처분을 취소할 방법이 없다.[11]

공개를 청구한 정보의 내용이 너무 포괄적이거나 막연하여서 일반인의 관점에서 그 내용과 범위를 확정할 수 있을 정도로 특정되었다고 볼 수 없는 경우가 있다. 이때 법원은 공공기관이 보유·관리하고 있는 공개청구정보를 제출하도록 하여 이를 비공개로 열람·심사하는 등의 방법으로 공개청구정보의 내용과 범위를 특정시켜야 한다. 그러한 방법으로도 특정이 불가능한 경우에는 법원은 특정되지 않은 부분과 나머지 부분을 분리할 수 있다. 나머지 부분에 대한 비공개결정이 위법한 경우라고 하여도 정보공개의 청구 중 특정되지 않은 부분에 대한 비공개결정의 취소를 구한다면 나머지 부분과 분리하여 이를 기각하게 된다.

정보 부존재

청구인이 공개를 청구한 정보가 존재하지 않는 경우가 있다. 전체 비공개결정 사유 중 가장 큰 비중을 차지하는 것이 정보 부존재이다. 2010년의 경우 정보 부존재로 인한 비공개결정 건수는 총 15,620건으로 비공개결정의 47%에 해당한다. 정보공개청구 대상정보는 '공공기관이 보유·관리하는 정보'이지만, 정보 부존재의 경우 처리규정이 없어 '비공개결정'으로 처리하여 왔다.

그러나 2011년 10월 17일 정보공개법 시행령이 개정되어 정보 부존재 처리규정을 신설하였다. 이에 따라 공개청구된 정보가 공공기관이 보유·관리하지 않는 정보이거나 진정·질의 등 공개청구의 내용이 정보공개법에 따른 정보공개청구로 볼 수 없는 경우로서 해당 공공기관이 '민원사무처리에 관한 법률'에 따른 민원사무로 처리할 수 있는 경우에는 이를 민원사무로 보아 처리할 수 있도록 하였다(시행령 제6조 제3항). 다만 공공기관은 해당 정보를 보유·관리하지 않는다는 사실 등 공개청구에 따를 수 없는 사유를 구체적으로 적어 청구인에게 통지해야 한다(시행령 제6조 제4항). 그럼에도 불구하고 청구인이 다시 같은 청구를 한 경우에는 공공기관은 이를 종결처리할 수 있다(시행령 제6조 제5항 제1호).

그런데 공공기관이 정보를 보유하거나 관리하고 있는지 아니면 공개청구한 정보가 실제로 존재하고 있지 않는지를 누가, 어떻게 입증할 것인지가 문제된다.

정보공개제도는 공공기관이 보유·관리하는 정보를 그 상태대로 공개하는 제도라는 점 등에 비추어 볼 때, 청구인은 공개를 구하는 정보를 행정기관이 보유·관리하고 있을 상당한 개연성이 있다는 점을 입증함으로써 족하다.[12] 가령 공공기관이 정보가 없다거나 또는 폐기되었다고 주장하지만 법령에 공공기관에 문서의 작성의무를 부과하고 있고 아직 문서보존기간이 남아 있다면 청구인은 청구인이 공개를 구하는 정보를 공공기관이 보유·관리하고 있을 상당한 개연성이 있다는 점을 입증했다고 볼 수 있다. 따라서 공개를 구하는 정보를 공공기관이 한때 보유·관리하였으나 후에 그 정보가 담긴 문서 등이 폐기되어 존재하지 않게 된 것이라면 그 정보를 더 이상 보유·관리하고 있지 않다는 점에 대한 증명 책임은 공공기관에 있다.[13]

정보공개청구는 어떻게 처리되는가

정보공개여부 결정

공공기관은 정보공개가 청구된 때에는 청구를 받은 날부터 10일 이내에 공개여부를 결정해야 한다(제11조 제1항). 부득이한 사유로 위 기간 이내에 공개여부를 결정할 수 없는 때에는 그 기간의 만료일 다음 날부터 기산하여 10일 이내의 범위에서 공개여부 결정기간을 연장할 수 있다(제11조 제2항). 여기서 부득이한 사유란 ① 일시에 많은 정보공개가 청구되거나 공개청구된 내용이 복잡하여 정하여진 기간 내에 공개여부의 결정이 곤란한 경우 ② 정보를 생산한 공공기관 또는 공개청구된 정보와 관련 있는 제3자의 의견청취, 정보공개심의회 개최 등의 사유로 정하여진 기간 내에 공개여부의 결정이 곤란한 경우 ③ 전산정보처리조직에 의하여 처리된 정보가 공개부분과 비공개부분을 포함하고 있고, 정하여진 기간 내에 부분공개가능여부의 결정이 곤란한 경우 ④ 천재지변, 일시적인 업무량의 폭주 등으로 정하여진 기간 내에 공개여부의 결정이 곤란한 경우에 해당하는 사유를 말한다(시행령 제7조). 공공기관은 연장된 사실과 연장사유를 청구인에게 지체 없이 문서로 통지해야 한다.

공공기관은 공개청구된 공개대상정보의 전부 또는 일부가 제3자와 관련이 있다고 인정되는 때에는 그 사실을 제3자에게 지체 없이 통지해야 하며, 필요한 경우에는 그의 의견을 청취할 수 있다(제11조 제3항). 제3자의 의견청취는 문서에 의함이 원칙이나 공공기관이 필요하다고 인정하는 때와 제3자가 원하는 때에는 구술로 할 수 있다(시행령 제8조 제1항). 구술로 의견을 청취하는 담당공무원 등은 구술내용을 기록하고 본인의 확인을 받아야 한다(시행령 제8조 제2항).

이송

공공기관은 다른 공공기관이 보유·관리하는 정보의 공개청구를 받은 때에는 지체 없이 이를 소관기관으로 이송해야 하며, 이송을 한 공공기관은 지체 없이 소관기관 및 이송사유 등을 명시하여 청구인에게 문서로 통지해야 한다(제11조 제4항).

공개여부 결정 기한

공공기관은 정보공개를 청구받은 날부터 늦어도 20일(최초 10일+연장된 10일) 이내에 공개여부를 결정해야 하는데 만약 그 때까지 공개여부를 결정하지 않을 때에는 비공개의 결정이 있는 것으로 본다(제11조 제5항). 공공기관은 공개청구된 정보의 전부 또는 일부가 다른 공공기관이 생산한 정보인 때에는 그 정보를 생산한 공공기관의 의견을 들어 공개여부를 결정해야 한다(시행령 제9조). 정보공개청구업무를 처리하는 부서는 관계기관 또는 다른 부서의 협조가 필요한 때에는 정보공개청구서를 접수한 후 지체 없이 처리기간의 범위 내에서 회신기간을 명시하여 협조를 요청해야 하고(시행령 제10조 제1항), 협조를 요청받은 기관 또는 부서는 그 회신기간 내에 회신해야 한다(시행령 제10조 제2항).

정보공개심의회의 심의

국가기관, 지방자치단체와 공기업은 정보공개여부 등을 심의하기 위하여 업무성격이나 업무량 등을 고려하여 그 기관 또는 소속기관에 1개 이상의 정보공개심의회를 설치·운영해야 한다(제12조 제1항, 시행령 제11조 제1항).

정보공개심의회는 ① 공개청구된 정보의 공개여부를 결정하

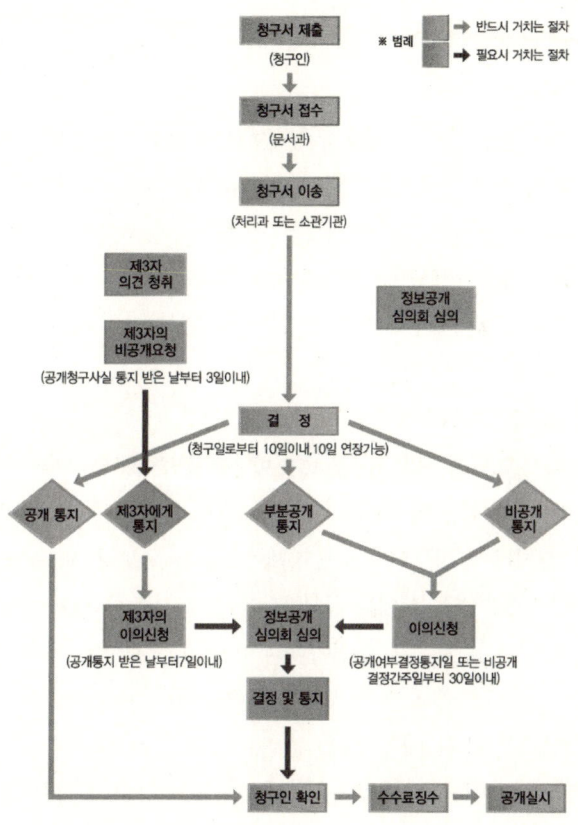

정보공개업무의 처리 상세 절차도(행정안전부, 『2010년도 정보공개 연차보고서』).

기 곤란한 사항 ② 이의신청 ③ 그 밖에 정보공개제도의 운영에 관한 사항을 심의한다(시행령 제11조 제2항). 정보공개심의회는 위원장 1인을 포함하여 5인 내지 7인의 위원으로 구성한다(제12조 제2항).[14]

그런데 공개 청구된 정보의 공개여부를 결정하는 법적인 의무와 권한을 가진 주체는 공공기관의 장이다. 정보공개심의회는 공공기관의 장이 정보의 공개여부를 결정하기 곤란하다고 보아 요청한 사항을 심의하는 것이기 때문에 공공기관의 장이 반드시 정보공개심의회의 심의 결과에 따라야 하는 것은 아니다.

정보공개여부 결정 통지

공공기관은 정보의 공개를 결정한 때에는 지체 없이 공개를 결정한 날부터 10일 이내의 범위 내에서 공개일시·공개장소 등을 명시하여 청구인에게 통지해야 한다(제13조 제1항). 다만, 청구인이 요청하는 때에는 공개일시를 달리 정할 수 있다. 청구인이 통지한 공개일 후 10일이 경과할 때까지 정당한 사유 없이 그 정보의 공개에 응하지 않을 때에는 이를 내부적으로 종결처리할 수 있다(시행령 제12조 제3항).

제3자의 비공개요청에도 불구하고 공공기관이 공개결정을 하는 때에는 제3자는 당해 공공기관에 문서로 이의신청을 하거나 행정심판 또는 행정소송을 제기할 수 있다. 이를 감안하여 공공기관은 공개결정일과 공개실시일의 사이에 최소한 30일의 간격을 두어야 한다(제21조 제3항).

공공기관은 정보의 비공개결정을 한 때에는 그 사실을 청구인에게 비공개이유·불복방법과 불복절차를 구체적으로 명시하여 지체 없이 문서로 통지해야 한다(제13조 제4항).

정보공개 방식

정보의 공개는 ① 문서·도면·사진 등은 열람 또는 사본의 교부 ② 필름·테이프 등은 시청 또는 인화물·복제물의 교부 ③ 마이크로필름·슬라이드 등은 시청·열람 또는 사본·복제물의 교부 ④ 전자적 형태로 보유·관리하는 정보 등은 파일을 복제하여 전자우편으로 송부, 매체에 저장하여 제공, 열람·시청 또는 사본·출력물의 교부의 방법으로 한다(시행령 제14조 제1항). 만약 공개청구된 정보가 공공기관이 정보공개법 제7조에 따라 이미 공개한 정보(국민생활에 매우 큰 영향을 미치는 정책에 관한 정보 등)인 경우에는 그 정보의 소재(所在)를 안내하면 된다.

칼라복사기, 스캐너 등 첨단 기술이 등장함에 따라 이에 관한 공개방법도 검토해 봐야 한다. 가령 디지털카메라 등으로 문서를 촬영할 수 있도록 허용할 필요가 있다.

정보공개를 청구하는 자는 정보의 사본 또는 출력물의 교부의 방법으로 공개방법을 선택하여 정보공개청구를 할 수 있다. 이 경우 공개청구를 받은 공공기관은 정보의 사본 또는 복제물의 교부를 제한할 수 있는 사유에 해당하지 않는 한 정보공개청구자가 선택한 공개방법에 따라 정보를 공개해야 하므로 공개방법을 선택할 재량권이 없다.[15]

공공기관은 공개대상정보의 양이 과다하여 정상적인 업무 수행에 현저한 지장을 초래할 우려가 있는 경우에는 정보의 사본·복제물을 일정 기간별로 나누어 교부하거나 열람과 병행하여 교부할 수 있다(제13조 제2항). 정보의 사본·복제물을 일정 기간별로 나누어 교부하거나 열람과 병행하여 교부하는 때에는 청구인으로 하여금 먼저 열람하게 한 후 사본·복제물을 교부하되, 특별한 사정이 없는 한 2달 이내에 교부를 완료해야 한다(시행령 제12조 제2항). 공공기관은 정보를 공개함에 있어 당해 정보의 원본이 오손 또는 파손될 우려가 있거나 그 밖에 상당한 이유가 있다고 인정될 때에는 당해 정보의 사본·복제물을 공개할 수 있다(제13조 제3항).

정보를 공개하는 때에는 타인의 지적소유권, 사생활의 비밀 그 밖에 타인의 권리 또는 이익이 부당하게 침해되지 않도록 유의해야 한다(시행령 제14조 제3항).

공공기관은 정보를 공개할 때 본인 또는 그 정당한 대리인임을 확인할 필요가 없는 때에는 청구인의 요청에 의하여 사본·출력물·복제물·인화물 또는 복제된 파일을 우편·모사전송 또는 전자통신망을 이용하여 송부할 수 있다(시행령 제14조 제2항).

정보공개 실시권자

청구된 정보의 공개는 청구인 본인 또는 그 대리인에게 해야 한다(시행령 제15조 제1항). 공공기관은 정보를 공개하는 때에는 ① 청구인 본인에게 공개하는 때에는 청구인의 주민등록증 그 밖에 그 신원을 확인할 수 있는 신분증명서 ② 청구인의 법정대리인에게 공개하는 때에는 법정대리인임을 증명할 수 있는 서류와 대리인의 주민등록증 그 밖에 그 신원을 확인할 수 있는 신분증명서 ③ 청구인의 임의대리인에게 공개하는 때에는 행정안전부령으로 정하는 위임장과 청구인 및 수임인의 주민등록증 그 밖에 그 신원을 확인할 수 있는 신분증명서 ④ 청구인이 외국인인 때에는 여권·외국인등록증 그 밖에 외국인임을 확인할 수 있는 신분증명서, 청구인이 외국의 법인 또는 단체인 때에는 사업자등록증·외국단체등록증 그 밖에 시행령 제3조 제2호의 규정에 의한 법인 또는 단체임을 확인할 수 있는 증명서 등에 의하여 청구인 본인 또는 그 정당한 대리인임을 확인해야 한다(시행령 제15조 제2항).

그런데 공공기관이 정보통신망을 통하여 정보를 공개하는 경우 청구인 본인 또는 그 대리인의 신원을 확인할 필요가 있는 때에는 전자서명 등을 통하여 그 신원을 확인해야 한다(시행령 제15조 제3항).

만약 정보를 공개할 때 본인 또는 그 정당한 대리인임을 확인할 필요가 없는 때에는 확인하지 않는다.

부분공개

공개청구한 정보가 비공개대상정보에 해당하는 부분과 공개가 가능한 부분이 혼합되어 있는 경우로서 공개청구의 취지에 어긋나지 않는 범위 안에서 두 부분을 분리할 수 있는 때에는 비공개대상정보에 해당하는 부분을 제외하고 공개해야 한다(제14조). 공공기관은 부분공개결정을 하는 때에는 비공개하는 부분에 대하여 비공개이유·불복방법과 불복절차를 구체적으로 명시해야 한다(시행령 제13조).

법원이 행정기관의 정보공개거부처분의 위법 여부를 심리한 결과 공개를 거부한 정보에 비공개대상정보에 해당하는 부분과 공개가 가능한 부분이 혼합되어 있고 공개청구의 취지에 어긋나지 않는 범위 안에서 두 부분을 분리할 수 있음을 인정할 수 있을 때, 법원은 청구 취지의 변경이 없더라도 공개가 가능한 정보에 관한 부분만의 일부 취소를 명할 수 있다. 이 경우 법원은 공개가 거부된 정보 중 공개가 가능한 부분을 특정하고, 판결의 주문에 정보공개거부처분 중 공개가 가능한 정보에 관한 부분만을 취소한다고 표시해야 한다.[16)

여기서 "공개청구의 취지에 어긋나지 아니하는 범위 안에서 비공개대상정보에 해당하는 부분과 공개가 가능한 부분을 분리할 수 있다."고 하는 것은 두 부분이 물리적으로 분리할 수 있는 경우를 의미하는 것이 아니다. 이는 당해 정보에서 비공개대상정보에 관련된 기술 등을 제외 내지 삭제하고 그 나머지 정보만을 공개하는 것이 가능하고 나머지 부분의 정보만으로도 공개의 가치가 있는 경우를 의미한다.[17)

정보의 전자적 공개

공공기관은 전자적 형태로 보유·관리하는 정보에 대하여 청구인이 전자적 형태로 공개해 줄 것을 요청하는 경우에는 당해 정보의 성질상 현저히 곤란한 경우를 제외하고는 청구인의 요청에 응해야 한다(제15조 제1항). 공공기관은 전자적 형태로 보유·관리하지 않는 정보에 대하여 청구인이 전자적 형태로 공개하여 줄 것을 요청한 경우에는 정상적인 업무수행에 현저한 지장을 초래하거나 당해 정보의 성질이 훼손될 우려가 없는 한 그 정보를 전자적 형태로 변환하여 공개할 수 있다(제15조 제2항).

정보공개제도는 공공기관이 보유·관리하는 정보를 그 상태대로 공개하는 제도이다. 하지만 전자적 형태로 보유·관리되는 정보의 경우에는 그 정보가 청구인이 구하는 대로는 되어 있지 않다고 하더라도, 공개청구를 받은 공공기관이 공개청구대상정보의 기초자료를 전자적 형태로 보유·관리하고 있고, 당해 기관에서 통상 사용되는 컴퓨터 하드웨어 및 소프트웨어와 기술적 전문지식을 사용하여 그 기초자료를 검색하여 청구인이 구하는 대로 편집할 수 있으며, 그러한 작업이 당해 기관의 컴퓨터 시스템 운용에 별다른 지장을 초래하지 않는다면 그 공공기관이 공개청구대상정보를 보유·관리하고 있는 것으로 볼 수 있다. 이러한 경우에 기초자료를 검색·편집하는 것은 새로운 정보의 생산 또는 가공에 해당한다고 할 수 없다.[18]

즉시 처리가 가능한 정보의 공개

법령 등에 의하여 공개를 목적으로 작성된 정보, 일반 국민에게 알리기 위하여 작성된 각종 홍보자료, 공개하기로 결정된 정보로서 공개에 오랜 시간이 걸리지 않는 정보, 그 밖에 공공기관의 장이 정하는 정보로서 즉시 또는 구술처리가 가능한 정보에 대한 공개청구에 대하여는 즉시 공개해야 한다(제16조).

비용 부담

정보의 공개 및 우송 등에 소요되는 비용은 수수료와 우편요금(공개되는 정보의 사본·출력물·복제물 또는 인화물을 우편으로 송부하는 경우)으로 구분하여 실비의 범위 안에서 청구인의 부담으로 한다(제17조 제1항). 수수료의 금액은 행정안전부령으로 정하고 있는데, 만약 정보통신망을 통하여 전자적 형태로 공개하는 때에는 공공기관의 장은 업무부담을 고려하여 수수료의 금액을 달리 정할 수도 있다. 지방자치단체 및 그 소속기관은 조례로 수수료의 금액을 정하게 된다.

수수료는 전자금융거래법에 따른 전자지급수단이나 수입인지(국가기관에 내는 경우) 또는 수입증지(지방자치단체에 내는 경우)의 어느 하나에 해당하는 방법으로 납부하되 부득이한 경우에는 현금으로 납부할 수 있다(시행령 제17조 제6항).

한편 공개를 청구하는 정보의 사용목적이 ① 비영리의 학술·공익단체 또는 법인이 학술이나 연구목적 또는 행정감시를 위하여 필요한 정보를 청구한 경우 ② 교수·교사 또는 학생이

교육자료나 연구목적으로 필요한 정보를 소속기관의 장의 확인을 받아 청구한 경우 ③ 그 밖에 공공기관의 장이 공공복리의 유지·증진을 위하여 감면이 필요하다고 인정한 경우 등 공공복리의 유지·증진을 위하여 필요하다고 인정되는 경우에는 비용을 감면할 수 있다(제17조 제2항, 시행령 제17조 제1항).

청구인이 비용감면을 신청하는 때에는 감면사유에 관한 소명자료를 첨부해야 한다. 공공기관의 장은 비용의 감면비율을 정하고, 정보통신망 등을 통하여 이를 공개해야 한다.

반복적인 공개청구 및 수용자 정보공개청구의 특례

정보공개를 청구하여 정보공개 결정 통지를 받은 자가 정당한 사유 없이 해당 정보의 공개청구를 다시 한 경우에 공공기관은 이를 종결처리할 수 있다(시행령 제6조 제5항 제1호).

공개청구된 정보가 공공기관이 보유·관리하지 않은 정보이거나 진정·질의 등 공개청구의 내용이 정보공개법에 따른 정보공개청구로 볼 수 없지만 해당 공공기관이 '민원사무처리에 관한 법률'에 따른 민원사무로 처리할 수 있는 경우에는 이를 민원사무로 보아 처리할 수 있다. 그런데 이러한 사유를 통지받은 청구인이 다시 같은 청구를 한 경우에도 공공기관은 이를 종결처리할 수 있다(시행령 제6조 제5항 제2호)

다음으로 수형자·미결수용자·사형확정자, 그 밖에 법률과 적법한 절차에 따라 교도소·구치소 및 그 지소(교정시설)에 수용된 수용자도 정보공개법에 따라 법무부장관, 지방교정청장 또는 소장에게 정보의 공개를 청구할 수 있다. 그러나 정당한 사유 없이 정보공개청구를 취하하거나 정보공개법에 따른 비용을 납부하지 않은 사실이 2회 이상 있는 수용자가 정보공개청구를 한 경우에 법무부장관, 지방교정청장 또는 소장은 그 수용자에게 정보의 공개 및 우송 등에 들 것으로 예상되는 비용을 미리 납부하게 할 수 있다(형의 집행 및 수용자의 처우에 관한 법률 제117조의2 제2항). 만약 정보의 공개 및 우송 등에 들 것으로 예상되는 비용을 미리 납부해야 하는 수용자가 비용을 납부하지 않은 경우 법무부장관, 지방교정청장 또는 소장은 그 비용을 납부할 때까지 정보공개법에 따른 정보공개 여부의 결정을 유예할 수 있다.

우리나라의 정보공개 현황

지난 1998년 정보공개법이 시행된 이후 정보공개제도는 국민의 알권리를 보장하고 국정에 대한 국민참여와 투명성을 구현하는 대표적인 제도로서 나름대로 기여를 해 왔다. 무엇보다도 지난 1998년 26,338건에 불과하던 정보공개청구 건수는 2004년에 10만 건을 돌파한 데 이어(104,024건),[19] 2010년에는 421,813건에 이르면서 무려 16배 이상 큰 폭으로 증가했다.[20]

국민의 정보공개제도 이용 확대를 가져온 가장 큰 요인은 정보공개시스템을 통한 온라인 서비스 제공이라 할 수 있다. 2006년 4월 온라인 서비스를 실시하면서 정보공개 방법이 획

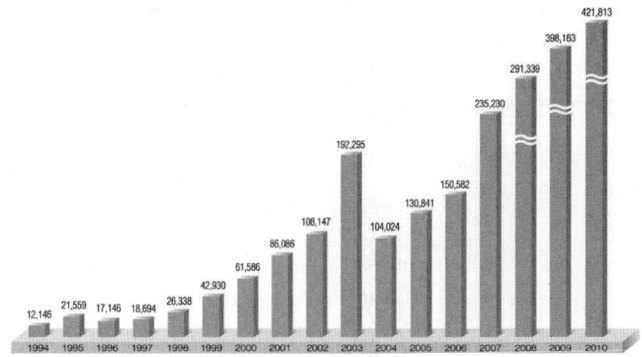

연도별 정보공개 접수 현황.

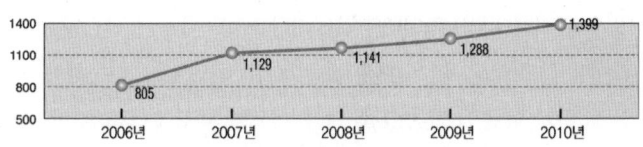

온라인 서비스 제공기관 증가추세.

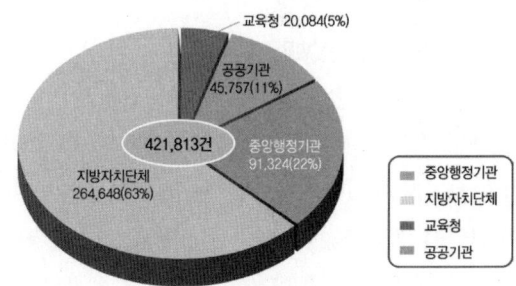

기관별 정보공개 접수 현황.

기적으로 개선되고, 이에 따라 국민의 정보 접근성과 청구의 편의성이 크게 향상되었다. 특히 정보공개시스템을 이용할 수 있는 기관이 2006년에 805개에 불과하던 것이 2010년 1,399개로 확대되면서 대부분의 청구가 온라인으로 가능하게 되었다. 이를 통해 국민들은 집에서도 편리하게 원하는 정보를 원스톱으로 제공받을 수 있게 되었다.

2010년에 접수된 정보공개청구 421,813건을 기관별로 살펴보면 중앙행정기관이 91,324건(22%), 지방자치단체가 264,648건(63%), 교육청이 20,084건(5%), 공공기관이 45,757건(11%)을 차지하고 있다. 지방자치단체에 대한 정보공개청구가 중앙행정기관에 비해 많은 편인데, 이는 지방자치단체가 주민들의 이해관계를 조정하거나 직접 행정서비스를 국민에게 제공하는 역할을 하기 때문인 것으로 보인다. 이러한 이유로 중앙행정기관 중에서도 직접적으로 국민생활에 관련된 집행업무를 수행하는 기관은 정보공개청구가 많은 것으로 나타났다.

정보공개 청구방법 현황

정보공개법은 국민이 보다 손쉽게 정보공개를 청구할 수 있도록 직접 출석·우편·모사전송·정보통신망 등 다양한 청구방법을 보장하고 있다. 2006년까지만 해도 국민이 직접 기관을 방문하여 청구하는 사례가 전체 청구 건수의 50%에 달했으나 우리나라의 정보화 수준이 향상되고 온라인 정보통신여건이 개선됨에 따라 온라인 청구가 지속적으로 증가해 왔다.

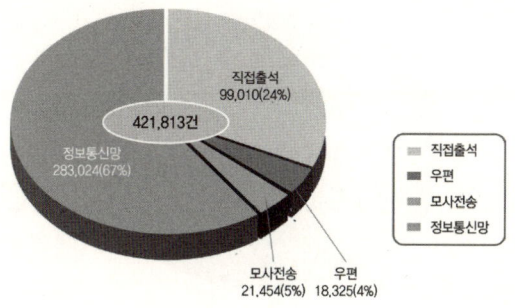

직접출석
99,010(24%)

421,813건

정보통신망
283,024(67%)

■ 직접출석
■ 우편
■ 모사전송
■ 정보통신망

모사전송   우편
21,454(5%)   18,325(4%)

정보공개 청구방법 현황.

2010년 가장 많이 활용된 정보공개 청구방법은 정보공개시스템(www.open.go.kr)을 통한 청구로, 전체의 약 67%를 차지하고 있다. 그 밖에는 직접출석(24%), 모사전송(5%), 우편(4%) 등의 방법을 활용하여 정보공개를 청구하고 있다.

기관 유형별로 정보공개 청구방법을 살펴보면, 중앙행정기관, 지방자치단체 및 교육청에 대해서는 주로 온라인을 이용하는 데 비해, 공공기관의 경우 아직 직접 방문하여 청구하는 사례가 많은 것으로 나타났다.

정보공개 처리 현황

2010년 접수된 정보공개 신청 421,813건 중 청구인이 스스로 취하하거나 민원으로 이첩된 경우 등을 제외하고 실제 정보공개청구에 해당하는 322,018건에 대하여 처리한 결과를 살펴보자. 이 중 약 81%에 해당하는 259,739건이 청구인의 요구에

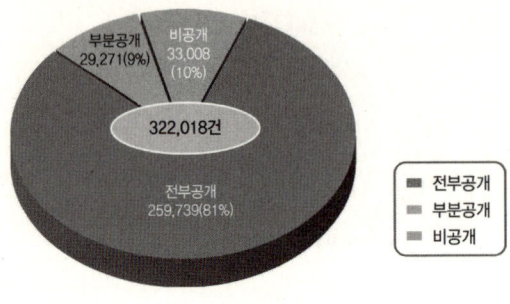

부분공개
29,271(9%)

비공개
33,008
(10%)

322,018건

전부공개
259,739(81%)

■ 전부공개
■ 부분공개
▦ 비공개

정보공개 처리 현황.

따라 전부공개되었다. 그 밖에 29,271건(9%)은 부분공개되었으며 비공개로 결정된 것은 33,008건(10%)으로 약 90%의 높은 정보공개율을 보이고 있다.

정보공개 처리기간 현황

정보공개법 제11조는 공공기관은 정보공개청구를 받은 날부터 10일 이내에 공개여부를 결정하고, 부득이한 경우에는 10일 이내의 범위에서 기간을 연장하여 처리하도록 규정하고 있다. 2009년에 이어 2010년에도 청구의 99%가 법령상의 처리기한인 20일 이내에 처리된 것으로 나타나 대부분의 정보공개 처리가 공개기한 내에 이루어지고 있음을 알 수 있다. 10일 이내 처리 비율도 96%를 넘어 정보공개 결정은 대체로 신속하게 처리되고 있다고 볼 수 있다.

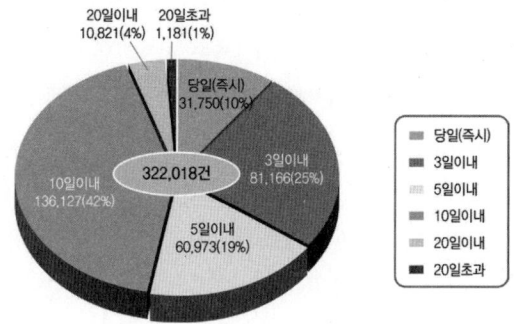

20일이내
10,821(4%)

20일초과
1,181(1%)

당일(즉시)
31,750(10%)

3일이내
81,166(25%)

322,018건

10일이내
136,127(42%)

5일이내
60,973(19%)

당일(즉시)
3일이내
5일이내
10일이내
20일이내
20일초과

정보공개 처리기간 현황.

정보공개 방법 현황

정보공개법은 특별한 사정이 없으면 청구인이 원하는 방법으로 정보를 공개하도록 규정하고 있다. 이에 따라 정보는 열람·시청, 사본·출력물, 전자파일, 복제·인화물 등 다양한 방법으로 공개된다.

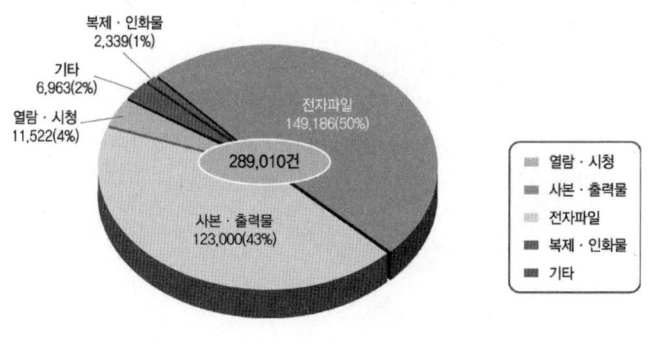

복제·인화물
2,339(1%)

기타
6,963(2%)

열람·시청
11,522(4%)

전자파일
149,186(50%)

289,010건

사본·출력물
123,000(43%)

열람·시청
사본·출력물
전자파일
복제·인화물
기타

정보공개 방법 현황.

정보공개 방법으로는 주로 전자파일, 사본·출력물의 교부 등이 이용되고 있는데, 2010년에는 전자파일(50%), 사본·출력 물(43%), 열람·시청(4%) 등의 방법으로 정보를 공개했다.

정보공개 교부방법 현황

　　2010년에는 정보통신망을 활용한 교부방법을 가장 많이 활용했다. 이어서 직접방문(25%), 우편(12%), 모사전송(8%)을 통한 교부방법이 활용되었는데, 정보통신망을 통한 교부비율은 지속 적으로 증가하고 있고 직접방문 비율은 감소하고 있다. 특히 지 방자치단체와 교육청에서는 정보통신망 활용률이 매우 높은 것으로 나타나고 있는데, 이러한 추세는 앞으로도 지속될 것으로 예상된다.

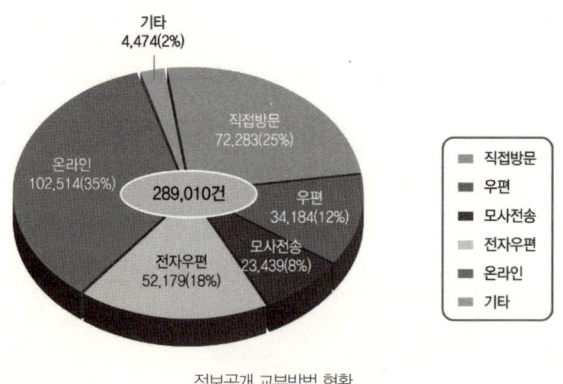

정보공개 교부방법 현황.

정보비공개사유 현황

공공기관은 2010년도 정보공개청구 건수 중 약 10%에 해당하는 33,008건에 대해 비공개결정을 하였다. 주된 비공개사유는 청구된 정보자체를 공공기관이 보유·관리하고 있지 않은 경우(정보 부존재)이며 그다음으로 법령상 비밀·비공개 정보인 경우, 공정한 업무수행에 지장을 주는 정보인 경우가 많았다. 그 외의 사유로는 개인의 사생활의 비밀을 침해할 우려가 있는 경우, 법인의 영업상 비밀에 관한 사항인 경우 등이 있다.

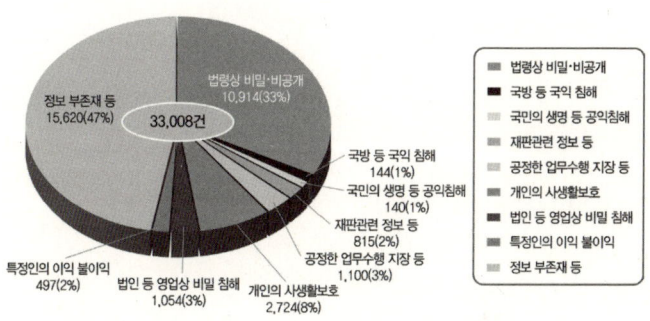

정보비공개사유 현황.

정보공개 현황 평가

정부는 2003년부터 정보공개운영실태 평가를 하고 있다. 2008년에는 평가의 효율성과 투명성을 높이기 위하여 '정부업무평가기본법'을 근거로 중앙행정기관은 자체평가, 지방자치단체는 합동평가를 실시했다.

그러나 위와 같은 노력에도 불구하고 아직 미흡한 부분들이 적지 않다. 공공기관이 비공개 근거를 추상적으로 제시하거나 답변을 불성실하고 불친절하게 하는 경우, 같은 사안에 대해 기관마다 다른 결정을 내리는 사례 등이 문제점으로 지적된다.[21]

한편 청구인들 중에도 지나치게 광범위하고 추상적인 정보공개 요구를 하거나 심지어는 다량의 정보공개를 청구한 후 수령을 거부하는 등 정보공개제도의 본래 취지를 벗어난 오·남용 사례도 발견되고 있다.

정보 비공개를 둘러싼 문제들

공개되지 않는 정보는 무엇인가

공공기관이 보유·관리하는 정보는 공개대상이 되므로 국민으로부터 이러한 정보에 대한 공개를 요구받은 공공기관은 비공개사유에 해당하지 않는 한 이를 공개해야 한다(제9조 제1항, 한정적 열거주의 방식). 다만, 정보공개청구권도 절대적인 기본권은 아니므로 다른 기본권과의 비교를 통하여 제한될 수 있다.

이에 따라 현행 정보공개법도 아래에 해당하는 8가지 유형의 정보에 대하여는 공공기관이 이를 공개하지 않을 수 있다고 규정하고 있다. 그렇지만 이러한 경우에도 일률적으로 8가지 유형의 정보가 모두 비공개되는 것은 아니다. 공공기관은 이를 비공개함에 따라 보호되는 국익 등 보호법익과 공개에 의하여 보호되는 국민의 알권리의 보장, 국정에 대한 국민의 참여, 국정운영의 투명성 확보 등의 이익을 비교하여 구체적인 사안에 따라 개별적으로 비공개여부를 판단해야 한다.[22]

공공기관이 정보공개청구를 거부하는 경우에는 공개청구의 대상이 된 정보의 내용을 구체적으로 확인·검토하여 어느 부분이 어떠한 법익 또는 기본권과 충돌되어 어느 비공개사유에 해당하는지를 주장·입증해야 한다. 그렇지 않고 개괄적인 사유만을 들어 공개를 거부하는 것은 허용되지 않는다.

또한 정보공개청구의 대상이 이미 널리 알려진 사항이라 하더라도 정보공개법은 그 공개의 방법만을 제한할 수 있도록 규정하고 있을 뿐 공개 자체를 제한하지 않는다. 그러므로 공개청구의 대상이 되는 정보가 이미 다른 사람에게 공개하여 널리 알려져 있다거나 인터넷이나 관보 등을 통해 공개하여 인터넷 검색이나 도서관 열람 등을 통하여 쉽게 알 수 있다는 사정만으로는 소의 이익이 없다거나 비공개결정이 정당화될 수는 없다.[23]

한편 공공기관은 비공개대상정보가 기간의 경과 등으로 인하여 비공개 필요성이 없어진 경우에는 당해 정보를 공개대상으로 해야 한다(제9조 제2항). 공공기관은 당해 공공기관의 업무 성격을 고려하여 비공개대상정보의 범위에 관한 세부기준을 수립하고 이를 공개해야 한다(제9조 제3항).

법령상 비밀정보(1호 정보)

법령상 비밀정보란 다른 법률 또는 법률이 위임한 명령(국회 규칙·대법원규칙·헌법재판소규칙·중앙선거관리위원회규칙·대통령령 및 조례에 한한다.)[24)]에 의하여 비밀 또는 비공개 사항으로 규정된 정보를 말한다.[25)]

1호 비공개대상정보의 입법 취지는 비밀 또는 비공개 사항으로 다른 법률 등에 규정되어 있는 경우는 이를 존중함으로써 법률 간의 마찰을 피하기 위한 것이다. 여기에서 '법률에 의한 명령'은 정보의 공개에 관하여 법률의 구체적인 위임 아래 제정된 법규명령(위임명령)을 의미한다.[26)]

비밀이란 그 내용이 누설되는 경우 국가안전보장에 유해로운 결과를 초래할 우려가 있는 국가기밀로서 보안업무규정에 의하여 비밀로 분류된 것이며, 그 중요성과 가치의 정도에 따라서 Ⅰ·Ⅱ·Ⅲ급 비밀 및 대외비로 분류(보안업무규정 제2조 제2호)된다.[27)]

법률에서 비밀로 규정하고 있는 대표적인 예는 과세정보를 들 수 있다. 국세기본법은 세무공무원이 납세자가 세법에서 정한 납세의무를 이행하기 위하여 제출한 자료나 국세의 부과·징수를 위하여 업무상 취득한 자료 등을 원칙적으로 타인에게 제공 또는 누설하거나 목적 외의 용도로 사용해서는 안 된다고 규정하고 있다(제81조의13). 지방세기본법도 지방세 과세자료를 원칙적으로 타인에게 제공 또는 누설하거나 목적 외의 용도로 사용하는 행위를 금지하고 있다(제134조의8).

국가안전, 외교, 국방 등 정보(2호 정보)

국가안전보장·국방·통일·외교관계 등에 관한 사항으로서 공개될 경우 국가의 중대한 이익을 현저히 해할 우려가 있다고 인정되는 정보는 비공개대상정보이다.[28]

2호 비공개대상정보의 입법 취지는 정보공개로 발생할 수 있는 국가안전보장 등 국가의 중대한 이익침해를 방지하고자 함에 있다.

국가안전보장·국방에 관한 사항이란 다른 나라의 직·간접 침략에 대해 우리나라를 방위하고, 국가통치의 기본질서 및 기본정치체제를 유지하며 국민의 생명보호, 기본적인 경제질서가 유지되는 사항을 말한다.[29] 통일이란 남북관계에 관련된 제반 정보를 말하고, 외교란 조약, 협정, 결의 등 국가 간의 합의문서 기타 대외관계에 관한 문서(회의·회담에 관한 사항, 경제협력에 관한 사항, 국제정세에 관한 사항, 문화·홍보활동에 관한 사항 등)를 의미한다.

국가의 안전을 보장하기 위해 방위에 관한 정보 및 외교관계에 관한 정보는 종종 '국가기밀'이라고도 불린다. 많은 국가에서는 이러한 정보의 탐지, 취득, 공개 등에 형벌을 가한다. 또 정보공개법을 시행하는 나라라 하더라도 이들의 정보는 일반적으로 정보공개의 예외로서 인정되고 있다. 다만 이러한 예외사유는 남용될 위험도 강하며 많은 국가에서 과도하게 비밀이 보호되어 국민에게 충분한 정보가 제공되지 않는 문제가 발생했다. 이 때문에 정보공개의 예외로 할 때에도 그 요건 및 남용을 방지하기 위한 제도적 장치를 마련하는 일이 매우 중요한 과제로 남아 있다.

국민의 생명보호 등에 관한 정보(3호 정보)

공개될 경우 국민의 생명·신체 및 재산의 보호에 현저한 지장을 초래할 우려가 있다고 인정되는 정보는 공개되지 않는다. 국민의 생명·신체 및 재산의 보호에 관한 정보에는 ① 방재, 방범에 방해가 되는 정보 ② 사람의 생명, 생활, 지위 등이 위협받는 정보 ③ 평온하고 정상적인 생활에 지장을 초래할 우려가 있는 정보 등이 포함될 수 있을 것이다.

법집행정보(4호 정보)

비공개되는 법집행정보는 진행 중인 재판에 관련된 정보와 범죄의 예방, 수사, 공소의 제기 및 유지, 형의 집행, 교정, 보안처분에 관한 사항으로서 공개될 경우 그 직무수행을 현저히 곤란하게 하거나 형사피고인의 공정한 재판을 받을 권리를 침해한다고 인정할 만한 상당한 이유가 있는 정보이다. 4호의 정보를 비공개대상정보로 하고 있는 것은 범죄의 일반예방 및 특별예방, 원활한 수사 및 교정행정의 원활성을 보호하자는 데 있다.

여기서 수사에 관한 사항으로서 공개될 경우 그 직무수행을 현저히 곤란하게 한다고 인정할 만한 상당한 이유가 있는 정보를 비공개대상정보의 하나로 규정하고 있는 취지는 수사의 방법과 절차 등이 공개되는 것을 막고자 하는 것으로, 수사기록

중의 의견서, 보고문서, 메모, 법률검토, 내사자료 등이 이에 해당한다.[30]

형의 집행, 교정에 관한 사항으로서 공개될 경우 그 직무수행을 현저히 곤란하게 하는 정보란 당해 정보가 공개될 경우 재소자들의 관리 및 질서유지, 수용시설의 안전, 재소자들에 대한 적정한 처우 및 교정·교화에 관한 직무의 공정하고 효율적인 수행에 직접적이고 구체적으로 장애를 줄 고도의 개연성이 있고, 그 정도가 현저한 정보를 의미한다. 어떤 정보가 이에 해당하는지 여부는 비공개에 의하여 보호되는 업무수행의 공정성 등의 이익과 공개에 의하여 보호되는 국민의 알권리의 보장과 국정에 대한 국민의 참여 및 국정운영의 투명성 확보 등의 이익을 비교하여 구체적인 사안에 따라 개별적으로 판단되어야 한다.[31]

또 공개될 경우 그 직무수행을 현저히 곤란하게 한다고 인정할 만한 상당한 이유가 있는 정보란 당해 정보가 공개될 경우 범죄의 예방 및 수사 등에 관한 직무의 공정하고 효율적인 수행에 직접적이고 구체적으로 장애를 줄 고도의 개연성이 있고 그 정도가 현저한 정보를 의미한다. 이는 마찬가지로 비공개에 의한 이익과 공개에 의한 이익을 비교하여 신중하게 판단되어야 한다.[32]

한편 형사소송법 제47조는 "소송에 관한 서류는 공판의 개정 전에는 공익상 필요 기타 상당한 이유가 없으면 공개하지 못한다."고 규정하며, 제59조의2는 "누구든지 권리구제·학술연구 또는 공익적 목적으로 재판이 확정된 사건의 소송기록을 보관하고 있는 검찰청에 그 소송기록의 열람 또는 등사를 신청할 수 있다."고 규정한다.

행정정보(5호 정보)

비공개되는 행정정보는 감사·감독·검사·시험·규제·입찰계약·기술개발·인사관리·의사결정과정[33] 또는 내부검토과정에 있는 사항 등으로 공개될 경우 업무의 공정한 수행이나 연구·개발에 현저한 지장을 초래한다고 인정할 만한 상당한 이유가 있는 정보이다.[34]

여기에서 시험정보로서 공개될 경우 업무의 공정한 수행에 현저한 지장을 초래하는지 여부는 시험정보를 공개하지 않을 수 있도록 하는 입법 취지, 당해 시험과 그에 대한 평가행위의 성격과 내용, 공개의 내용과 공개로 인한 업무의 증가, 공개로 인한 파급효과 등을 종합하여 개별적으로 판단되어야 한다.[35]

공개될 경우 업무의 공정한 수행에 현저한 지장을 초래한다고 인정할 만한 상당한 이유가 있는 경우란 정보가 공개될 경우 업무의 공정한 수행이 객관적으로 현저하게 지장을 받을 것이라는 고도의 개연성이 존재하는 경우를 의미한다. 여기에 해당하는지 여부는 비공개에 의하여 보호되는 업무수행의 공정성 등의 이익과 공개에 의하여 보호되는 국민의 알권리의 보장과 국정에 대한 국민의 참여 및 국정운영의 투명성 확보 등의 이익을 비교·교량하여 구체적인 사안에 따라 신중하게 판단되

어야 한다.[36)]

행정집행정보에 해당하기 위해서는 단순히 실시기관의 주관에 의해 행정의 공정 또는 원만한 집행에 현저히 지장을 초래한다고 판단되는 것만으로는 부족하다. 그와 같이 위험이 구체적으로 존재하는 것이 객관적으로 명백해야 한다.

특히 논란이 되고 있는 것은 의사결정과정정보 특히 회의록 공개이다. 행정 내부의 의사형성과정정보를 비공개대상정보로 하는 이유는 행정 내부에서의 자유와 솔직한 의견의 교환을 확보하는 동시에 내부 검토단계에서의 미숙한 정보가 외부에 제공되어 주민에 무용한 이익이나 불이익을 주는 것을 회피하기 위해서 마련되었다고 할 수 있다.

대법원은 의사결정과정에 제공된 회의관련자료나 의사결정과정이 기록된 회의록 등은 의사가 결정되거나 의사가 집행된 경우에는 더 이상 의사결정과정에 있는 사항 그 자체라고는 할 수 없으나, 의사결정과정에 있는 사항에 준하는 사항으로서 비공개대상정보에 포함될 수 있다고 했다.[37)]

회의의 비공개와 회의록의 비공개는 별개이므로 회의를 비공개로 한다고 하여 당해 회의의 회의록도 반드시 비공개로 되는 것은 아니다.

개인정보(6호 정보)

이름·주민등록번호 등 개인에 관한 사항으로서 공개될 경우 개인의 사생활의 비밀 또는 자유를 침해할 우려가 있다고 인정되는 정보는 비공개대상정보이다.

그러나 ① 법령이 정하는 바에 따라 열람할 수 있는 정보 ② 공공기관이 공표를 목적으로 작성하거나 취득한 정보로서 개인의 사생활의 비밀과 자유를 부당하게 침해하지 않는 정보 ③ 공공기관이 작성하거나 취득한 정보로서 공개하는 것이 공익 또는 개인의 권리구제를 위하여 필요하다고 인정되는 정보[38] ④ 직무를 수행한 공무원의 성명·직위 ⑤ 공개하는 것이 공익을 위하여 필요한 경우로써 법령에 의하여 국가 또는 지방자치단체가 업무의 일부를 위탁 또는 위촉한 개인의 성명·직업 등 개인에 관한 정보는 비공개대상정보에 해당되지 않는다.

6호의 개인식별정보를 비공개대상정보로 하고 있는 것은 개인의 사생활의 비밀과 자유의 존중 및 개인의 자신에 대한 정보통제권을 보장하는 등 정보공개로 인하여 발생할 수 있는 제3자의 법익침해를 방지하자는 데 있다.

여기서 공개하는 것이 공익을 위하여 필요하다고 인정되는 정보에 해당하는지 여부[39]와 공개하는 것이 개인의 권리구제를 위하여 필요하다고 인정되는 정보에 해당하는지 여부는 비공개에 의하여 보호되는 이익과 공개에 의하여 보호되는 이익을 비교·교량하여 구체적 사안에 따라 개별적으로 판단한다.

따라서 수사기록에 들어 있는 특정인을 식별할 수 있는 개인에 관한 정보로는 통상 관련자들의 이름, 주민등록번호, 주소(주거 또는 근무처 등), 연락처(전화번호 등), 직업, 나이 등이 있을 것인데 그중 관련자들의 이름은 수사기록의 공개를 구하는 필요성이나 유용성, 즉 개인의 권리구제라는 관점에서 특별한 사정이 없는 한 원칙적으로 공개되어야 할 것이다. 반면 관련자들의 주민등록번호는 동명이인의 경우와 같이 동일성이 문제되는 등의 특별한 사정이 있는 경우를 제외하고는 개인의 권리구제를 위하여 필요하다고 볼 수는 없으므로 원칙적으로 비공개해야 한다. 관련자들의 주소와 연락처는 공개될 경우 악용될 가능성이나 사생활이 침해될 가능성이 높은 반면, 증거의 확보 등 개인의 권리구제라는 관점에서는 그 공개가 필요하다고 볼 수 있는 경우도 있을 것이다. 그러므로 개인식별정보는 비공개라는 원칙을 염두에 두고서 구체적 사안에 따라 개인의 권리구제의 필요성과 비교하여 개별적으로 공개여부를 판단해야 한다. 그외 직업, 나이 등의 인적사항은 특별한 경우를 제외하고는 개인의 권리구제를 위하여 필요하다고 보기는 어려울 것이다.[40]

한편 공무원의 업무추진비 사용과 관련하여 개인정보의 보호가 문제된다. 업무추진비지출관계서류에 포함된 개인식별정보에 대하여 대법원은 지방자치단체의 기관운영업무추진비, 시책추진업무추진비, 기타 업무추진비 등의 지출결의서, 예산집행과 지급결의서, 일상경비정리부, 현금출납부 기타 이와 유사한 서류와 위 지출과 관련된 세금계산서·계산서·신용카드매출전표·영수증·담당공무원 작성의 보고서 등의 지출증빙서류 등에 포함된 개인(공무원 제외)에 관한 정보는 특별한 사정이 없는 한 그 개인의 사생활 보호라는 관점에서 공개하는 것이 공익을 위하여 필요하다고 인정되는 정보에 해당하지 않는다고

했다.[41)

또한 대법원은 지방자치단체의 업무추진비지출관계서류 등
에 포함된 공무원의 개인식별정보 중 행사참석자정보는 그 공
무원이 직무와 관련하여 행사에 참석한 경우의 정보는 공개하
는 것이 공익을 위하여 필요하다고 인정되는 정보에 해당하지
만, 그 공무원이 직무와 관련 없이 개인적인 자격 등으로 행사
에 참석한 경우의 정보는 그 공무원의 사생활 보호라는 관점
에서 공개하는 것이 공익을 위하여 필요하다고 인정되는 정보
에 해당하지 않는다고 판결했다.[42)

지방자치단체의 업무추진비지출관계서류 등에 포함된 공무
원의 개인식별정보 중 금품수령자정보인 경우 그 공무원이 직
무와 관련하여 금품을 수령한 정보는 공개하는 것이 공익을 위
하여 필요하다고 인정되는 정보에 해당하지만, 그 공무원이 직
무와 관련 없이 개인적인 자격 등으로 금품을 수령한 경우의
정보는 그 공무원의 사생활 보호라는 관점에서 공개하는 것
이 공익을 위하여 필요하다고 인정되는 정보에 해당하지 않는
다.[43) 따라서 공무원이 직무와 관련 없이 개인적인 자격으로
간담회·연찬회 등 행사에 참석하고 금품을 수령한 정보는 비
공개대상정보에 해당한다.[44)

법인의 영업상 비밀정보(7호 정보)

법인·단체 또는 개인의 경영·영업상 비밀에 관한 사항으로
서 공개될 경우 법인 등의 정당한 이익을 현저히 해할 우려가

있다고 인정되는 정보는 공개하지 않는다.[45]

여기서 법인 등의 경영·영업상 비밀은 부정경쟁방지법 제2조 제2호 소정의 영업비밀에 한하지 않고, 타인에게 알려지지 않는 것이 유리한 사업활동에 관한 일체의 정보 또는 사업활동에 관한 일체의 비밀사항을 말한다.

그런데 위 7호 정보는 법인 등의 경영·영업상의 비밀에 관한 사항이라도 공개를 거부할 만한 정당한 이익이 있는지의 여부에 따라 그 공개여부가 결정되어야 한다고 해석된다. 그 정당한 이익이 있는지 여부는 정보공개법의 입법 취지에 비추어 이를 엄격하게 해석해야 한다. 뿐만 아니라 국민에 의한 감시의 필요성이 크고 이를 감수해야 하는 면이 강한 공익법인에 대하여는 다른 법인 등에 비해 비공개사유를 보다 좁게 해석할 수밖에 없다.[46]

한편 법인 등의 경영·영업상 비밀에 관한 사항이더라도 ① 사업활동에 의하여 발생하는 위해로부터 사람의 생명·신체 또는 건강을 보호하기 위하여 공개할 필요가 있는 정보 ② 위법·부당한 사업활동으로부터 국민의 재산 또는 생활을 보호하기 위하여 공개할 필요가 있는 정보는 비공개대상정보에 해당되지 않는다.

대법원은 지방자치단체의 업무추진비지출관계서류 등에 포함된 법인·단체 또는 영업소를 경영하는 개인의 상호, 단체명, 영업소명, 사업자등록번호 등에 관한 정보는 법인 등의 영업상 비밀에 관한 사항으로서 공개될 경우 법인 등의 정당한 이익을 현저히 해할 우려가 있다고 인정되는 정보에 해당하지 않는다고 했다. 하지만 법인 등이 거래하는 금융기관의 계좌번호에 관한 정보는 법인 등의 영업상 비밀에 관한 사항으로서 법인 등의 이름과 결합하여 공개될 경우 당해 법인 등의 영업상 지위가 위협받을 우려가 있으므로 위 정보는 법인 등의 영업상 비밀에 관한 사항으로서 공개될 경우 법인 등의 정당한 이익을 현저히 해할 우려가 있다고 인정되는 정보에 해당한다고 했다.[47]

부동산투기정보(8호 정보)

공개될 경우 부동산 투기·매점매석 등으로 특정인에게 이익 또는 불이익을 줄 우려가 있다고 인정되는 정보는 비공개대상 정보에 포함되어 공개되지 않는다. 정보의 성격상 공개함으로써 정보를 얻은 자와 얻지 못한 자 사이에 불공평이 발생하고 부당한 이익 또는 불이익이 초래되는 것을 방지하기 위함이다. 용지매수계약서, 설계단가표, 각종 개발계획 등이 이에 해당될 것이다.

정보공개가 거부되면 어떻게 할 수 있는가

청구인의 정보공개청구에 대하여 공공기관이 정보비공개 결정을 한 경우 청구인은 이의신청, 행정심판, 행정소송을 제기할 수 있다. 이의신청, 행정심판, 행정소송은 반드시 그 순서에 따

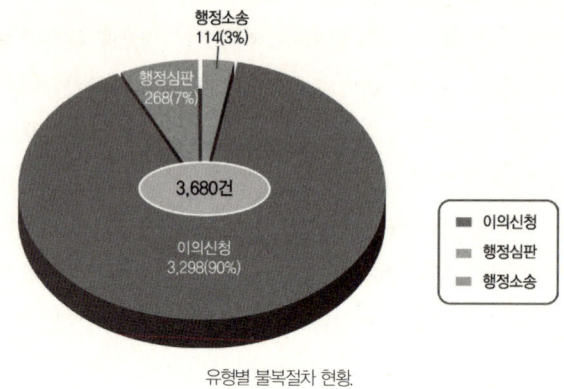

행정소송
114(3%)

행정심판
268(7%)

3,680건

이의신청
3,298(90%)

■ 이의신청
■ 행정심판
■ 행정소송

유형별 불복절차 현황.

라 제기해야 하는 것은 아니므로, 청구인은 구제방법으로 위세 가지 중 어느 하나를 임의로 선택해도 되고 중복하여 선택해도 된다.

청구인이 공공기관의 정보비공개 결정에 대해 불복제기한 건수는 2010년 비공개결정(부분공개 포함) 건수의 5.9% 정도이다.

이의신청

청구인이 정보공개와 관련한 공공기관의 비공개 또는 부분공개의 결정에 대하여 불복이 있을 때에는 공공기관으로부터 정보공개여부의 결정 통지를 받은 날 또는 정보공개를 청구한 날부터 20일 이내에 공공기관이 공개여부를 결정하지 않아 비공개의 결정이 있는 것으로 보는 날부터 30일 이내에 당해 공공기관에 문서로 이의신청을 할 수 있다(제18조 제1항).

공공기관은 이의신청을 받은 날부터 7일 이내에 그 이의신청에 대해 결정하고 그 결과를 청구인에게 지체 없이 문서로 통지해야 한다(제18조 제2항). 다만 부득이한 사유로 정해진 기간 이내에 결정할 수 없을 때에는 그 기간의 만료일 다음 날부터 기산하여 7일 이내의 범위에서 연장할 수 있으며, 연장사유를 청구인에게 통지해야 한다.

공공기관은 이의신청을 각하 또는 기각하는 결정을 한 때에는 청구인에게 행정심판 또는 행정소송을 제기할 수 있다는 취지를 결과 통지와 함께 통지해야 한다(제18조 제3항).

현재 이의신청은 정보공개시스템 이용시 온라인으로도 가능하다. 행정소송이나 심판에 비해 비용, 노력, 시간 등이 적게 소요되고 절차도 간편하여 많이 활용되고 있다.

행정심판 청구

청구인이 정보공개와 관련한 공공기관의 결정에 대하여 불복이 있을 때에는 행정심판법이 정하는 바에 따라 행정심판을 청구할 수 있다. 이 경우 국가기관과 지방자치단체 외의 공공기관의 결정에 대한 감독행정기관은 관계 중앙행정기관의 장 또는 지방자치단체의 장으로 한다(제19조 제1항). 청구인은 이의신청절차를 거치지 않고 행정심판을 청구할 수 있다(제19조 제2항).

행정소송

청구인이 정보공개와 관련한 공공기관의 결정에 대하여 불복이 있을 때에는 행정소송법이 정하는 바에 따라 행정소송을 제기할 수 있다(제20조 제1항).

이 경우 재판장은 필요하다고 인정되는 때에는 당사자를 참여시키지 않고 제출된 공개청구정보를 비공개로 열람·심사할 수 있다(제20조 제2항).

또한 재판장은 행정소송의 대상이 '국가안전보장·국방·통일·외교관계 등에 관한 사항으로서 공개될 경우 국가의 중대한 이익을 현저히 해할 우려가 있다고 인정되는 정보'(제9조 제1항 제2호) 중 국가안전보장·국방 또는 외교에 관한 정보의 비공개 또는 부분공개 결정처분인 경우에 공공기관이 그 정보에 대한 비밀지정의 절차, 비밀의 등급·종류 및 성질과 이를 비밀로 취급하게 된 실질적인 이유 및 공개를 하지 않은 사유 등을 입증하는 때에는 당해 정보를 제출하지 않게 할 수 있다(제20조 제3항).

정보공개 확대를 위한 노력

정보공개위원회 설치

행정안전부장관 소속하에 정보공개위원회가 설치되어 있다. 정보공개위원회는 ① 정보공개에 관한 정책의 수립과 제도개선에 관한 사항 ② 정보공개에 관한 기준수립에 관한 사항 ③ 공공기관의 정보공개운영실태 평가 및 그 결과처리에 관한 사항 ④ 그 밖에 정보공개에 관하여 대통령령이 정하는 사항을 심의·조정하는 임무를 수행한다(제22조).

정보공개위원회는 공공기관에 설치하는 정보공개심의회와는 다르며, 위원장과 부위원장 각 1인을 포함한 9인의 위원으로 구성한다(제23조 제1항). 정보공개위원회의 위원은 ① 대통령령이 정하는 관계부처의 차관급 또는 고위공무원단에 속하는 일반 직공무원 ② 정보공개에 관하여 학식과 경험이 풍부한 자로서 행정안전부장관이 위촉하는 자 ③ 시민단체(비영리민간단체지원법 제2조의 규정에 의한 민간단체)에서 추천한 자로서 행정안전부장관이 위촉하는 자가 되는데, 위원장을 포함한 5인은 공무원이 아닌 자로 위촉해야 한다(제23조 제2항). 위원장은 공무원이 아닌 사람 중에서, 부위원장은 공무원 중에서 행정안전부장관이 각각 위촉하거나 임명한다.

위원장·부위원장·위원의 임기는 2년으로 하되 연임할 수 있다(제23조 제3항). 다만 공무원인 위원의 임기는 그 직위에 재직하는 기간으로 한다. 위원장·부위원장·위원은 정보공개업무와 관련하여 알게 된 정보를 누설하거나 그 정보를 이용하여 본인 또는 타인에게 이익 또는 불이익을 주는 행위를 해서는 안 된다(제23조 제4항). 위원장·부위원장·위원 중 공무원이 아닌 자는 형법 및 그 밖의 법률에 의한 벌칙적용에 있어서 공무원으로 본다(제23조 제5항).

행정안전부장관의 제도총괄

행정안전부장관은 정보공개법에 의한 정보공개제도의 정책수립과 제도개선사항 등에 관한 기획·총괄업무를 관장한다(제24조 제1항). 행정안전부장관은 정보공개위원회가 정보공개제도의 효율적 운영을 위해 필요하다고 요청하는 경우 공공기관(국회·법원·헌법재판소·중앙선거관리위원회는 제외)에 대하여 정보공개 제도의 운영실태를 평가할 수 있다(제24조 제2항).

행정안전부장관은 평가를 실시한 경우 그 결과를 정보공개 위원회를 거쳐 국무회의에 보고한 후 공개해야 하며, 정보공개 위원회가 개선이 필요하다고 권고한 사항에 대해서는 해당 공 공기관에 시정요구 등의 조치를 취해야 한다(제24조 제3항).

행정안전부장관의 국회 보고 의무

행정안전부장관은 전년도의 정보공개 운영에 관한 보고서를 매년 정기국회 개회 전까지 국회에 제출해야 한다(제26조 제1항). 정보공개운영에 관한 보고서에는 공공기관의 정보공개운영실태 에 관한 사항, 정보공개제도 운영실태 평가에 관한 사항과 시정 요구 등의 조치에 관한 사항이 포함되어야 한다(시행령 제29조).

정보공개법의 시행에 관하여 필요한 사항은 헌법기관별로 국 회규칙·대법원규칙·헌법재판소규칙·중앙선거관리위원회규칙 과 대통령령으로 정하고 있다(제27조).

정보공개법 위반자에 대한 벌칙

현행 정보공개법에는 정보공개법을 위반한 공무원에 대하여 징계 또는 처벌조항을 따로 두고 있지 않다. 그러나 공무원이 법령을 위반하여 업무를 처리할 경우 국가공무원법 제78조(징계사유)와 지방공무원법 제69조(징계사유)의 규정에 의하여 징계 사유에 해당될 것이다.

만약 공무원이 정보를 임의로 조작하거나 공문서를 손상, 은닉하는 경우에는 형법상 공용서류 등의 무효죄(제141조), 공문서위조·변조죄나 허위공문서작성죄(제225조, 제226조, 제227조의2) 등에 해당되어 형사처벌의 대상이 될 수 있다.

공공기관이 고의로 공개대상인 정보의 공개를 거부하거나 허위의 정보를 공개한 때에는 정보공개법에 형사처벌 조항을 두어야 한다는 의견이 제기되고 있다.

한편 공공기관이 고의로 정보를 은익·폐기하거나 허위의 정보를 공개한 경우 등 민사상 국가배상의 요건에 해당될 경우에는 청구인은 해당 공공기관을 상대로 민사상 손해(국가)배상청구도 가능할 것이다.

정보공개를 규정하는 기타 법률 제정

교육관련기관의 정보공개에 관한 특례법

'교육관련기관의 정보공개에 관한 특례법'은 교육관련기관이 보유·관리하는 정보의 공개의무와 공개에 필요한 기본적인 사항을 정하여 국민의 알권리를 보장하고 학술 및 정책연구를 진흥하며 학교교육에 대한 참여와 교육행정의 효율성 및 투명성을 높이기 위하여 공공기관의 정보공개에 관한 법률에 대한 특례를 규정하고 있다(제1조). 정보의 공개 등에 관하여 이 법에서 규정하지 않은 사항에 대해서 정보공개법을 적용한다(제4조).

교육관련기관은 그 보유·관리하는 정보를 이 법에서 정하는 바에 따라 공개해야 하나(제3조 제1항), 공시 또는 제공되는 정보는 학생과 교원의 개인정보를 포함하여서는 안 된다(제3조 제2항).

교육정보의 공개의무가 있는 교육관련기관이란 학교·교육행정기관과 교육연구기관을 말한다(제2조 제4호). 정보란 교육관련기관이 학교교육과 관련하여 직무상 작성 또는 취득하여 관리하고 있는 문서·전자문서·도면·사진·필름·테이프·슬라이드, 그 밖에 이에 준하는 매체 등에 기록된 사항을 말하고(제2조 제1호), 공개란 교육관련기관이 이 법에 따라 정보를 열람하게 하거나 그 사본·복제물을 교부하는 것 또는 정보통신망을 통하여 정보를 공시하거나 제공하는 것을(제2조 제2호), 공시란 교육관련기관이 그 보유·관리하는 정보를 국민의 정보공개에 대한 열람·교부 및 청구와 관계없이 미리 정보통신망 등 다른 법령으로 정하는 방법으로 적극적으로 알리거나 제공하는 공개의 한 방법을 말한다(제2조 제3호).

위 법률에 따라 초·중등교육을 실시하는 학교의 장은 그 기관이 보유·관리하고 있는 학교운영에 관한 규정 등의 정보를 매년 1회 이상 공시해야 한다. 이 경우 그 학교의 장은 공시된 정보를 교육감에게 제출해야 하고, 교육과학기술부장관은 필요하다고 인정하는 경우 공시정보와 관련된 자료의 제출을 요구할 수 있다(제5조 제1항). 다만, 교육감과 교육과학기술부장관은 학교의 학년별·교과별 학습에 관한 상황과 국가 또는 시·도수준 학업성취도평가에 대한 학술적 연구를 위한 기초자료에 관한 사항의 자료를 공개할 경우 개별학교의 명칭은 제공하지 않는다(제5조 제2항).

한편 고등교육을 실시하는 학교의 장도 그 기관이 보유·관리하고 있는 학교운영에 관한 규정 등의 정보를 매년 1회 이상 공시해야 하고 공시정보를 교육과학기술부장관에 제출해야 한다. 교육과학기술부장관은 국민의 편의를 위하여 필요한 경우 학교의 장이 공시한 정보를 학교의 종류별·지역별 등으로 분류하여 공개할 수 있다(제6조).

교육과학기술부장관은 교육정보를 공개하지 않거나 거짓으로 공개하는 기관의 장에게 시정 또는 변경하도록 명령해야 한다(제10조 제1항). 시정 또는 변경 명령 및 권고를 받은 학교의 장이 정당한 사유 없이 지정된 기간 내에 이행하지 않은 경우 그 위반행위를 취소 또는 정지하거나 당해 학교의 학생정원의 감축, 학급·학과의 감축·폐지 또는 학생모집의 정지 등의 조치를 할 수 있다(제10조 제2항).

방송법에 의한 방송사업자의 정보공개의무

공공기관이 아닌데도 개별 법률에서 정보공개제도를 도입하고 있는 경우가 있다. 대표적으로 2000년 제정된 방송법을 들 수 있다.

방송법은 시청자의 권익보호를 위하여 "방송사업자는 시청자가 방송프로그램의 기획·편성 또는 제작에 관한 의사결정에 참여할 수 있도록 해야 하고, 방송의 결과가 시청자의 이익에 합치하도록 해야 한다."고 규정하고 있는데(방송법 제3조) 이러한 시청자의 권익보호의 하나로서 "종합편성 또는 보도전문편성을 행하는 방송사업자는 시청자가 요구하는 방송사업에 관한 정보를 공개해야 한다."고 규정하고 있다(방송법 제90조 제5항). 따라서 시청자(일반 국민)는 종합편성 또는 보도전문편성을 행하는 방송사업자(공공기관의 정보공개에 관한 법률의 적용을 받는 방송사업자는 제외)에게 방송사업에 관한 정보의 공개를 청구할 수 있다.

여기서 종합편성이란 보도·교양·오락 등 다양한 방송 분야 상호 간에 조화를 이루도록 방송프로그램을 편성하는 것을 말하고(방송법 제2조 제18호), 전문편성이란 특정 방송 분야의 방송프로그램을 전문적으로 편성하는 것을 말한다(방송법 제2조 제19호).

방송사에 대해 정보의 공개를 요구하는 자는 청구인의 성명·주민등록번호 및 주소, 공개를 요구하는 정보의 내용과 사용목적을 기재한 정보공개신청서를 방송사업자에게 제출해야 한다(방송법 시행령 제65조 제1항). 정보공개의 신청을 받은 종합·보도방송사업자는 공개신청을 받은 날부터 10일 이내에 공개 여부를 결정하고 그 결과를 신청인에게 통보해야 한다(방송법 시행령 제65조 제2항).

종합·보도방송사업자는 부득이한 사유로 10일 이내에 공개여부를 결정할 수 없는 때에는 그 기간의 만료일 다음 날부터 기산하여 10일 이내의 범위에서 공개여부 결정기간을 연장할 수 있다. 이 경우 종합·보도방송사업자는 연장된 사실과 연장사유를 신청인에게 지체 없이 서면으로 통지해야 한다(방송법 시행령 제65조 제3항).

종합·보도방송사업자는 신청인이 요구하는 방송사업에 관한 정보가 정보공개법 제9조 제1항의 규정에 의한 비공개대상 정보에 해당하는 경우에는 이를 공개하지 않을 수 있다(방송법 시행령 제65조 제4항). 방송사업자로부터 정보비공개의 통보를 받은 신청인은 방송통신위원회에 비공개의 결정을 통보받은 날부터 15일 이내에 조정을 신청할 수 있다(방송법 시행에 관한 방송통신위원회규칙 제35조 제1항). 방송통신위원회는 조정신청을 접수한 날부터 30일 이내에 당사자의 의견을 들어 조정내용을 결정하고 이를 당사자에게 통보해야 한다. 종합편성 또는 보도전문편성을 행하는 방송사업자는 방송통신위원회가 결정한 조정내용에 따라 신청인에게 방송사업에 관한 정보를 공개해야 한다. 정보공개 결정에 따른 비용 부담은 신청인의 부담으로 하되 실비의 범위 내에서 방송사업자가 정하는 비용으로 한다.

바람직한 정보공개를 위한 과제들

비공개대상정보 기준 합리화

정보공개법이 제정되는 과정부터 정보공개법이 가지는 한계로 지적된 것은 정보공개의 대상이 되지 않는 정보의 영역, 즉 비공개대상정보가 광범위하고 포괄적으로 설정되었다는 점이다. 이는 2004년 정보공개법을 전부 개정하면서 많이 개선되기는 했으나 아직도 불명확한 사유가 남아 있다.

특히 정보공개법의 적용대상에서 아예 제외되어 있는 정보, 즉 국가안전보장에 관련되는 정보 및 보안업무를 관장하는 기관에서 국가안전보장과 관련된 정보분석을 목적으로 수집되거나 작성된 정보(제4조 제3항)도 정보공개법의 적용대상에 포함시

켜야 한다. 위와 같은 정보도 현행 비공개대상정보 조항에 의하여 충분히 규율할 수 있을 것이다.

정보공개제도의 절차적 규정 보완

정보공개제도의 실체적 규정에 못지않게 절차적 규정을 보완하는 것도 필요하다. 일본 정보공개법은 제36조 제1항에서 "정보공개소송에 대하여는 원고의 보통재판적의 소재지를 관할하는 고등재판소의 소재지를 관할하는 지방재판소(특정관할재판소)에도 제기할 수 있다."고 규정하고 있다. 이를 원용하여 우리 정보공개법에서도 통상의 관할법원 이외에 청구인의 보통재판적의 소재지를 관할하는 행정법원에도 정보공개 행정소송을 제기할 수 있도록 할 필요가 있다.

정보공개거부처분을 받은 청구인이 이에 불복하여 행정심판이나 행정소송을 제기하는 경우 법원의 최종 판결까지는 최소한 몇 년이 걸린다. 이 때문에 설사 정보공개를 명하는 승소판결을 받는다 하더라도 적시성이 생명인 정보로서의 가치는 상실되게 마련이다. 더욱이 청구인이 제1심법원에서 승소판결을 받는다 하더라도 공공기관이 상소를 제기할 경우 집행력이 발생하지 않으며 정보공개에 관한 소송은 재산권의 청구에 관한 소가 아니기 때문에 법원으로서도 민사소송법 제199조에 의한 가집행선고 판결을 할 수도 없다. 이러한 폐단을 시정하기 위해서는 "선거에 관한 소청이나 소송은 다른 쟁송에 우선

하여 신속히 결정 또는 재판해야 하며, 소송에 있어서는 수소 법원은 소가 제기된 날로부터 180일 이내에 처리해야 한다."는 현행 공직선거법 제225조를 원용한 조항을 정보공개법에도 두 어야 한다.

공공기관으로 하여금 정보공개를 적극적으로 활성화하도록 유도하기 위해서는 정보공개청구소송에서 공공기관이 패소한 경우에는 그에 따른 실질적인 소송비용을 청구인에게 지급하 게 할 필요가 있다. 정보공개청구가 거부당한 청구인이 권리구 제를 위하여 이의신청, 행정심판, 행정소송을 제기하여 승소한 경우 그에 대한 제반 소송비용을 보전하여 줌으로써 정보공개 소송의 실효성을 꾀할 수 있다. 반면 공공기관의 무분별한 정보 비공개 결정의 남용을 예방할 수 있을 것이다.

미국의 정보공개법 제522조(a)(4)(e)는 "법원은 원고가 실질 적으로 승소한, 본조에 의거한 소송의 합리적인 변호사 비용 및 기타 소송비용을 미합중국정부에 부담시킬 수 있다."고 규 정한다. 이에 따라 통상 1시간당 300달러의 소송비용이 소요 되는 것으로 보아 제1심 사건의 경우 5만 달러(약 6천만 원) 정도 가 지불된다고 한다.

자본시장과 금융투자업에 관한 법률 제29조 제8항은 소수 주주가 상법 제403조에 따른 소송(주주대표소송)을 제기하여 승 소한 경우에는 금융투자업자에게 소송비용, 그 밖에 소송으로 인한 모든 비용의 지급을 청구할 수 있다고 규정하고 있다. 이 를 원용하여 정보공개법에도 소송비용의 특례조항을 신설해야 한다.

　한편 행정소송에 관한 절차적 특칙으로서 정보공개법 제18조 제2항은 "재판장은 필요하다고 인정되는 때에는 당사자를 참여시키지 아니하고 제출된 공개청구정보를 비공개로 열람·심사할 수 있다."고 규정한다. 비공개심사의 효율성과 실효성을 위해서는 미국의 정보공개법이 규정하고 있듯이 법원으로 하여금 비공개결정을 한 공공기관에 대하여 비공개한 당해 문서의 목록을 제출하도록 명령권을 부여해야 한다.

　그런데 현행법 제18조 제3항은 비공개심사에서 더 나아가 "재판장은 재판의 대상이 제7조 제1항 제2호의 규정에 의한 정보 중 국가안전보장·국방 또는 외교에 관한 정보의 비공개결정처분인 경우에 공공기관이 그 정보에 대한 비밀지정의 절차, 비밀의 등급·종류 및 성질과 이를 비밀로 취급하게 된 실질적인 이유 및 공개를 하지 아니하는 사유 등을 입증하는 때에는 당해 정보를 제출하지 아니하게 할 수 있다."라고 규정하여 특정한 정보 자체가 재판부에 제출되지 않을 수 있는 길을 열어놓고 있다. 이는 법원의 사법심사 자체를 제약하는 것이므로 삭제해야 한다.

　미국의 정보공개소송 실무상 인정되고 있는 비공개심사제도(In Camera Inspection)는 법원이 정보 자체를 접할 수 있다는 전제에서 비롯된 것이다. 우리 법에서는 이 제도를 악용하여 재판장으로 하여금 정보 자체를 보지 못하게 한 다음 사실상 청구기각판결을 유도하는 것은 도저히 납득할 수 없는 것이다.

일본의 정보공개법을 비롯한 어느 나라의 입법례에서도 이러한 특례조항은 찾아볼 수 없다.

정보공개제도는 국민의 알권리를 보장하는 데 그 목적과 취지가 있으므로 이러한 제도를 가장 적극적으로 활용해야 하는 사람은 기자 등 언론사일 것이다. 그런데 현행 정보공개법은 정보의 신속성이 생명인 언론사로 하여금 정보공개제도를 적극적으로 이용하도록 유인하지 못하고 있다. 따라서 언론사의 정보공개청구에 대해서는 공공기관의 정보공개 결정기간을 10일에서 3일 이내로 단축하고 공개된 정보에 대한 수수료를 면제해 국민의 알권리가 실질적으로 보장되도록 해야 한다.

정보공개법의 원활한 운영을 위해 공공기관으로 하여금 공공기관 밖에도 정보공개청구에 관한 종합적인 안내소(정보공개센터)를 설치·운영토록 함으로써 국민 일반이 손쉽게 정보공개제도에 접근하여 이용할 수 있도록 유도해야 한다.

정보공개법의 적용대상기관인 공공기관에 포함되지 않는 사기업이라 하더라도 국민의 생명과 신체, 재산에 밀접한 사업활동을 하는 법인이나 단체에 대하여는 가급적 정보가 공개되는 것이 바람직할 것이다. 물론 영업상의 비밀 등에 관하여는 현행법 제9조 제1항 제7호 등의 규정에 의해 비공개대상정보에 해당될 경우가 많을 것이므로 부당하게 기업의 이익이 침해된다거나 기업의 활동이 위축되지는 않을 것이다. 오히려 기업의 활동을 공개함으로써 소비자의 신뢰를 더 얻을 수도 있을 것이다. 정보공개위원회로 하여금 위와 같은 사기업에 대하여 정보공개

제도를 설치·운영할 것을 권고할 수 있는 근거조항을 마련할
필요가 있다.

정보공개제도 발전을 위한 노력

정부도 국민의 눈높이에 맞게 지속적으로 정보공개제도를
발전시켜 나가야 한다. 청구에 의한 소극적 정보공개에서 선제
적이고 능동적인 공개로 국민이 필요로 하는 정보를 발굴하고
이를 제공하여 수요자인 국민이 원하는 고품격 정보공개 서비
스가 제공되어야 한다. 청와대나 국무총리실, 국가정보원, 법무
부, 대검찰청 등 이른바 힘이 있는 국가기관일수록 정보공개에
소극적인 자세를 보이는 것도 시정되어야 한다.

국민들도 정보공개제도를 적극적으로 활용할 필요가 있다.
물론 정보공개제도 자체는 수단일 뿐이며 정보를 얻는 것은 단
지 시작에 불과하다. 그러나 정보가 있어야 정부의 정책을 스
스로 판단할 수 있고 그것을 변화시키려 할 때에도 힘을 가질
수 있다. 정부에게 마땅히 있어야 할 '정보가 없다'는 정보(fact)
라도 얻어 내야 한다. 그래야 행동(action)을 취할 수 있다.

궁극적으로 정보공개제도는 행정의 투명성과 국민의 국정참
여를 제고하여 국민주권을 실현하기 위한 중요한 수단으로서의
역할을 수행해야 한다. 이를 위해 국민의 적극적인 활용과 정
부의 끊임없는 노력 및 제도적 보완이 필요하다.

1) 이 책에서 사전 설명 없이 법령의 명칭이 생략된 채 그 조항만이 기재된 경우에는 정보공개법의 해당 조항을 가리킨다.

2) 우리나라의 정보공개 전반에 관해서는 매년 8월 말까지 행정안전부가 국회에 보고하는 정보공개 연차보고서를 참조하기 바란다. 이 보고서는 행정안전부 홈페이지(www.mopas.go.kr)와 정보공개 시스템 홈페이지(www.open.go.kr)에 게시되어 있다.

3) 대법원 1992. 6. 23. 선고 92추17 판결, 청주시 행정정보공개조례안이 그 행정정보의 정의 규정인 제2조 제1호의 '집행기관이 직무상 작성 또는 취득한 문서 등'이라 함이 집행기관(여기서는 같은 조 제2호에 의하여 청주시장 및 청주시 산하 청·소의 장을 말한다.)이 지방행정기관으로서의 지위가 아니라 지방자치단체의 집행기관으로서의 지위에서 같은 법 제9조에 규정된 자치사무 및 단체위임사무에 관하여 작성 또는 취득한 문서 등만을 가리키는 것으로 풀이되고 국가사무에 관하여 작성 또는 취득한 문서까지 포함되는 것으로는 보여지지 아니하므로 조례제정권의 범위를 일탈하지 아니하였다고 한 사례.

4) [시행 2011. 9. 30] [법률 제10465호, 2011. 3. 29, 제정], 이 법률의 시행과 함께 종전의 '공공기관의 개인정보보호에 관한 법률'은 폐지되었다.

5) 대법원 2008. 9. 25. 선고 2008두8680 판결.

6) 대법원 1996. 10. 11. 선고 94누 7171 판결, 대법원 1996. 5. 10. 선고 95도780 판결.

7) 대법원 2006. 5. 25. 선고 2006두3049 판결.

8) 대법원 2004. 3. 26. 선고 2002두6583 판결.
"청구인이 정보공개거부처분의 취소를 구하는 소송에서 공공기관이 청구정보를 증거 등으로 법원에 제출하여 법원을 통하여 그 사본을 청구인에게 교부 또는 송달하게 하여 결과적으로 청구인에게 정보를 공개하는 셈이 되었다고 하더라도, 이러한 우회적인 방법은 법이 예정하고 있지 아니한 방법으로서 법에 의한 공개라고 볼 수는 없으므로, 당해 문서의 비공개결정의 취소를 구할 소의 이익은 소멸되지 않는다고 할 것이다."

9) 대법원 2006. 8. 24. 선고 2004두2783 판결.
"정보공개의무를 지는 공공기관의 하나로 사립대학교를 들고 있는
것이 모법인 구 공공기관의 정보공개에 관한 법률의 위임 범위를
벗어났다거나 사립대학교가 국비의 지원을 받는 범위 내에서만 공
공기관의 성격을 가진다고 볼 수 없다."

10) 대법원 2007. 6. 1. 선고 2007두2555 판결, 공공기관의 정보공개
에 관한 법률에 따라 공개를 청구한 정보의 내용이 '대한주택공사
의 특정 공공택지에 관한 수용가, 택지조성원가, 분양가, 건설원가
등 및 관련 자료 일체'인 경우, '관련 자료 일체' 부분은 그 내용과
범위가 정보공개청구 대상정보로서 특정되지 않았다고 한 사례.

11) 대법원 2006. 1. 13. 선고 2003두9459 판결.

12) 대법원 2007. 6. 1. 선고 2006두20587 판결, 대법원 2005. 1.
28. 선고 2002두12854 판결.

13) 대법원 2004. 12. 9. 선고 2003두12707 판결, 교도소직원회운영
지침과 재소자자변물품공급규칙이 폐지되었다 하여 곧바로 교도
소장이 그 정보가 담긴 문서들을 보관·관리하지 않고 있다고 단정
할 수는 없다고 한 사례.

14) 대법원 2002. 3. 15. 선고 2001추95 판결, 공공기관의 장이 정보
공개심의회 위원의 과반수 이상을 반드시 외부인사로 위촉해야 하
고 부위원장을 시민복지국장으로 한다고 규정한 조례안은 지방의
회가 단순한 견제의 범위를 넘어 집행기관의 장의 인사권의 본질
적 부분을 사전에 적극적으로 침해한 것으로 관련 법령의 규정 취
지에 위배된다고 한 사례.

15) 대법원 2004. 8. 20. 선고 2003두8302 판결, 대법원 2003. 3.
11. 선고 2002두2918 판결.

16) 대법원 2010. 2. 11. 선고 2009두6001 판결.

17) 대법원 2004. 12. 9. 선고 2003두12707 판결, 사본출력물의 공
개방법과 절차에 비추어 정보공개처리대장에서 청구인에 관한 사
항을 제외하고 그 나머지 정보만을 공개하는 것이 가능할 뿐 아니
라 나머지 부분의 정보만으로도 공개의 가치가 있다고 볼 여지가
있다고 한 사례.

18) 대법원 2010. 2. 11. 선고 2009두6001 판결.

19) 행정안전부는 2004년부터는 국가기록원에 대한 (기록물) 공개청

구 건수를 제외하고 정보공개 건수를 집계하고 있다.

20) 2010년도 정보공개 운영 현황에 대하여는 행정안전부, 「2010년도 정보공개 연차보고서」 참조. 이후 우리나라의 정보공개 현황에 관한 통계 자료는 모두 위 보고서를 참조했으며, 2010년을 기준으로 한다.

21) 정보공개제도의 활용 등에 관하여는 하승수 등, 『정보사냥』, 도요새, 2009 참조.

22) 대법원 2007. 2. 8. 선고 2006두4899 판결, 대법원 1999. 9. 21. 선고 98두3426 판결, 대법원 2003. 12. 11. 선고 2001두8827 판결.

23) 대법원 2008. 11. 27. 선고 2005두15694 판결.

24) 대법원 2006. 5. 25. 선고 2006두3049 판결.
"검찰보존사무규칙이 검찰청법 제11조에 기하여 제정된 법무부령이기는 하지만, 그 사실만으로 같은 규칙 내의 모든 규정이 법규적 효력을 가지는 것은 아니다. 기록의 열람·등사의 제한을 정하고 있는 같은 규칙 제22조는 법률상의 위임근거가 없어 행정기관 내부의 사무처리준칙으로서 행정규칙에 불과하므로, 위 규칙상의 열람·등사의 제한을 공공기관의 정보공개에 관한 법률 제9조 제1항 제1호의 '다른 법률 또는 법률에 의한 명령에 의하여 비공개사항으로 규정된 경우'에 해당한다고 볼 수 없다."

25) 대법원 2006. 11. 10. 선고 2006두9351 판결, 국방부의 한국형 다목적 헬기(KMH) 도입사업에 대한 감사원장의 감사결과보고서가 군사2급비밀에 해당하는 이상 공공기관의 정보공개에 관한 법률 제9조 제1항 제1호에 의하여 공개하지 아니할 수 있다고 한 사례.

26) 대법원 2006. 10. 26. 선고 2006두11910 판결.
"교육공무원법 제13조, 제14조의 위임에 따라 제정된 교육공무원승진규정은 정보공개에 관한 사항에 관하여 구체적인 법률의 위임에 따라 제정된 명령이라고 할 수 없고, 따라서 교육공무원승진규정 제26조에서 근무성적평정의 결과를 공개하지 아니한다고 규정하고 있다고 하더라도 위 교육공무원승진규정은 공공기관의 정보공개에 관한 법률 제9조 제1항 제1호에서 말하는 법률이 위임한 명령에 해당하지 아니하므로 위 규정을 근거로 정보공개청구를 거부하는 것은 잘못이다."
대법원 2010. 6. 10. 선고 2010두2913 판결, 학교폭력대책자치위원회의 회의록은 공공기관의 정보공개에 관한 법률 제9조 제1항 제1호의 '다른 법률 또는 법률이 위임한 명령에 의하여 비밀 또는 비공개 사항으로 규정된 정보'에 해당한다고 한 사례.

27) 대법원 2010. 12. 23. 선고 2010두14800 판결.

"국가정보원법 제12조가 국회에 대한 관계에서조차 국가정보원 예산내역의 공개를 제한하고 있는 것은, 정보활동의 비밀보장을 위한 것으로서, 그 밖의 관계에서도 국가정보원의 예산내역을 비공개 사항으로 한다는 것을 전제로 하고 있다고 볼 수 있고, 예산집행내역의 공개는 예산내역의 공개와 다를 바 없어, 비공개 사항으로 되어 있는 '예산내역'에는 예산집행내역도 포함된다고 보아야 하며, 국가정보원이 그 직원에게 지급하는 현금급여 및 월초수당에 관한 정보는 국가정보원 예산집행내역의 일부를 구성하는 것이므로, 위 현금급여 및 월초수당에 관한 정보는 국가정보원법 제12조에 의하여 비공개 사항으로 규정된 정보로서 공공기관의 정보공개에 관한 법률 제9조 제1항 제1호의 비공개대상정보인 '다른 법률에 의하여 비공개 사항으로 규정된 정보'에 해당한다고 보아야 하고, 위 현금급여 및 월초수당이 근로의 대가로서의 성격을 가진다거나 정보공개청구인이 해당 직원의 배우자라고 하여 달리 볼 것은 아니다."

28) 대법원 2004. 3. 26. 선고 2002두6583 판결.

"보안관찰관련 통계자료는 우리나라 53개 지방검찰청 및 지청관할 지역에서 매월 보고된 보안관찰처분에 관한 각종 자료로서, 보안관찰처분대상자 또는 피보안관찰자들의 매월별 규모, 그 처분시기, 지역별 분포에 대한 전국적 현황과 추이를 한눈에 파악할 수 있는 구체적이고 광범위한 자료에 해당하므로 '통계자료'라고 하여도 그 함의를 통하여 나타내는 의미가 있음이 분명하여 가치중립적일 수는 없고, 그 통계자료의 분석에 의하여 대남공작활동이 유리한 지역으로 보안관찰처분대상자가 많은 지역을 선택하는 등으로 이 사건 정보가 북한정보기관에 의한 간첩의 파견, 포섭, 선전선동을 위한 교두보의 확보 등 북한의 대남전략에 있어 매우 유용한 자료로 악용될 우려가 없다고 할 수 없다.

그러므로 이 사건 정보는 공공기관의정보공개에관한법률(이하 '법'이라 한다) 제7조 제1항 제2호 소정의 공개될 경우 국가안전보장·국방·통일·외교관계 등 국가의 중대한 이익을 해할 우려가 있는 정보, 또는 제3호 소정의 공개될 경우 국민의 생명·신체 및 재산의

보호 기타 공공의 안전과 이익을 현저히 해할 우려가 있다고 인정
되는 정보에 해당한다고 할 것이다(대법원 2004. 3. 18. 선고 2001
두8254 전원합의체 판결 참조)."

29) 대법원 2006. 1. 13. 선고 2004두12629 판결.
"원심은, 이 사건 각 정보 중 별지 제3목록 기재 정보를 제외한 나
머지 정보에는 부교 운반용 장갑차의 일부 제원·구조·통신체계 등
을 개략적으로 알 수 있는 정보가 들어 있기는 하나, 훈련 당시 주
한미군의 이동경로, 작전지휘체계, 작전지휘사항 등의 군사작전상
의 정보는 들어 있지 아니한 사실을 알 수 있으므로, 이것이 공개되
더라도 주한미군 및 국군의 군사작전수행, 한미 양국의 합동군사훈
련 및 군사동맹관계에 현저한 지장을 주게 된다거나 국방, 외교관계
등에 영향을 미친다고 하기 어렵고, 그 정보 중에 공개되어서는 안
되는 정보수집과정이나 방법, 경로 등이 포함되어 있지는 않으므로
'범죄의 예방, 수사 등에 관한 사항으로서 공개될 경우 그 직무수행
을 현저히 곤란하게 하는 정보'에 해당한다고 할 수도 없다고 판단
하였는바, 기록에 의하여 살펴보면, 원심의 위와 같은 사실인정 및
판단은 수긍이 가고, 거기에 주장과 같은 위법이 없다."

30) 헌법재판소 1997. 11. 27. 94헌마60 결정, 대법원 2003. 12. 26.
선고 2002두1342 판결.

31) 대법원 2004. 12. 9. 선고 2003두12707 판결, 수용자자비부담물
품의 판매수익금과 관련하여 교도소장이 재단법인 교정협회로 송
금한 수익금 총액과 교도소장에게 배당된 수익금액 및 사용내역,
교도소직원회 수지에 관한 결산결과와 사업계획 및 예산서, 수용
자 외부병원 이송진료와 관련한 이송진료자 수, 이송진료자의 진
료내역별(치료, 검사, 수술) 현황, 이송진료자의 진료비 지급(예산지
급, 자비부담) 현황, 이송진료자의 진료비총액 대비 예산지급액, 이
송진료자의 병명별 현황, 수용자 신문구독 현황과 관련한 각 신문
별 구독신청자 수 등에 관한 정보는 구 공공기관의정보공개에관한
법률(2004. 1. 29. 법률 제7127호로 전문 개정되기 전의 것) 제7
조 제1항 제4호에서 비공개대상으로 규정한 '형의 집행, 교정에 관
한 사항으로서 공개될 경우 그 직무수행을 현저히 곤란하게 하는
정보'에 해당하기 어렵다고 한 사례.

32) 대법원 2008. 11. 27. 선고 2005두15694 판결.

33) 대법원 2003. 8. 22. 선고 2002두12946 판결, 학교환경위생구역

내 금지행위(숙박시설) 해제결정에 관한 학교환경위생정화위원회의
회의록에 기재된 발언내용에 대한 해당 발언자의 인적사항 부분에
관한 정보는 공공기관의정보공개에관한법률 제7조 제1항 제5호 소
정의 비공개대상에 해당한다고 한 사례.

34) 대법원 2000. 5. 30. 선고 99추85 판결.
    "지방자치단체의 도시공원에 관한 조례에서 규정된 도시공원위원회
    의 심의사항에 관하여 위 위원회의 심의를 거친 후 시장이나 구청
    장이 위 사항들에 대한 결정을 대외적으로 공표하기 전에 위 위원
    회의 회의관련자료 및 회의록이 공개된다면 업무의 공정한 수행에
    현저한 지장을 초래한다고 할 것이므로, 위 위원회의 심의 후 그 심
    의사항들에 대한 시장 등의 결정의 대외적 공표행위가 있기 전까
    지는 위 위원회의 회의관련자료 및 회의록은 공공기관의정보공개
    에관한법률 제7조 제1항 제5호에서 규정하는 비공개대상정보에 해
    당한다고 할 것이고, 다만 시장 등의 결정의 대외적 공표행위가 있
    은 후에는 이를 의사결정과정이나 내부검토과정에 있는 사항이라
    고 할 수 없고 위 위원회의 회의관련자료 및 회의록을 공개하더라
    도 업무의 공정한 수행에 지장을 초래할 염려가 없으므로, 시장 등
    의 결정의 대외적 공표행위가 있은 후에는 위 위원회의 회의관련자
    료 및 회의록은 같은 법 제7조 제2항에 의하여 공개대상이 된다고
    할 것인바, 지방자치단체의 도시공원에 관한 조례안에서 공개시기
    등에 관한 아무런 제한 규정 없이 위 위원회의 회의관련자료 및 회
    의록은 공개해야 한다고 규정하였다면 이는 같은 법 제7조 제1항
    제5호에 위반된다고 할 것이다."

35) 대법원 2007. 6. 15. 선고 2006두15936 판결, 치과의사 국가시험
    에서 채택하고 있는 문제은행 출제방식이 출제의 시간·비용을 줄
    이면서도 양질의 문항을 확보할 수 있는 등 많은 장점을 가지고 있
    는 점, 그 시험문제를 공개할 경우 발생하게 될 결과와 시험업무에
    초래될 부작용 등을 감안하면, 위 시험의 문제지와 그 정답지를 공
    개하는 것은 시험업무의 공정한 수행이나 연구·개발에 현저한 지
    장을 초래한다고 인정할 만한 상당한 이유가 있는 경우에 해당하
    므로, 공공기관의 정보공개에 관한 법률 제9조 제1항 제5호에 따라
    이를 공개하지 않을 수 있다고 한 사례.
    대법원 2010. 2. 25. 선고 2007두9877 판결, '2002년도 및 2003
    년도 국가 수준 학업성취도평가 자료'는 표본조사 방식으로 이루

어졌을 뿐만 아니라 학교식별정보 등도 포함되어 있어서 그 원자료 전부가 그대로 공개될 경우 학업성취도평가 업무의 공정한 수행이 객관적으로 현저하게 지장을 받을 것이라는 고도의 개연성이 존재한다고 볼 여지가 있어 공공기관의 정보공개에 관한 법률 제9조 제1항 제5호에서 정한 비공개대상정보에 해당하는 부분이 있으나, '2002학년도부터 2005학년도까지의 대학수학능력시험 원데이터'는 연구 목적으로 그 정보의 공개를 청구하는 경우, 공개로 인하여 초래될 부작용이 공개로 얻을 수 있는 이익보다 더 클 것이라고 단정하기 어려우므로 그 공개로 대학수학능력시험 업무의 공정한 수행이 객관적으로 현저하게 지장을 받을 것이라는 고도의 개연성이 존재한다고 볼 수 없어 위 조항의 비공개대상정보에 해당하지 않는다고 한 사례.

36) 대법원 2008. 11. 27. 선고 2005두15694 판결, 검찰21세기연구기획단의 1993년도 연구결과종합보고서가 검찰의 의사결정 또는 내부검토 과정에 있는 사항 등으로서 공개될 경우 업무의 공정한 수행이나 연구·개발에 현저한 지장을 초래한다고 인정할 만한 상당한 이유가 있는 정보에 해당하는지 여부에 관하여 심리를 다하지 않은 원심을 파기한 사례.

대법원 2010. 6. 10. 선고 2010두2913 판결, 학교폭력대책자치위원회에서의 자유롭고 활발한 심의·의결이 보장되기 위해서는 위원회가 종료된 후라도 심의·의결 과정에서 개개 위원들이 한 발언 내용이 외부에 공개되지 않는다는 것이 철저히 보장되어야 한다는 점, 학교폭력예방 및 대책에 관한 법률 제21조 제3항이 학교폭력대책자치위원회의 회의를 공개하지 못하도록 명문으로 규정하고 있는 것은, 회의록 공개를 통한 알권리 보장과 학교폭력대책자치위원회 운영의 투명성 확보 요청을 다소 후퇴시켜서라도 초등학교·중학교·고등학교·특수학교 내외에서 학생들 사이에서 발생한 학교폭력의 예방 및 대책에 관련된 사항을 심의하는 학교폭력대책자치위원회 업무수행의 공정성을 최대한 확보하기 위한 것으로 보이는 점 등을 고려하면, 학교폭력대책자치위원회의 회의록은 공공기관의 정보공개에 관한 법률 제9조 제1항 제5호의 '공개될 경우 업무의 공정한 수행에 현저한 지장을 초래한다고 인정할 만한 상당한 이유가 있는 정보'에 해당한다고 한 사례.

37) 대법원 2003. 8. 22. 선고 2002두12946 판결.

38) 대법원 2003. 3. 11. 선고 2001두6425 판결, 지방자치단체의 업무추진비 세부항목별 집행내역 및 그에 관한 증빙서류에 포함된 개인에 관한 정보는 '공개하는 것이 공익을 위하여 필요하다고 인정되는 정보'에 해당하지 않는다고 한 사례.

39) 대법원 2007. 12. 13. 선고 2005두13117 판결.
   "공직자윤리법상의 등록의무자가 정부공직자윤리위원회에 제출한 구 공직자윤리법 시행규칙(2005. 11. 16. 행정자치부령 제303호로 개정되기 전의 것) 제12조 관련 [별지 14호 서식]의 문서에 포함되어 있는 고지거부자의 인적사항(고지거부자의 성명, 서명(날인))은 개인식별정보에 해당하는데, 위 문서의 정보는 구 공직자윤리법(2003. 3. 12. 법률 제6816호로 개정되기 전의 것)에 의한 등록사항이 아니고 공직자윤리위원회가 고지거부자에게 같은 법 제12조 제4항에서 정한 고지거부사유가 존재하는지를 심사하기 위하여 취득한 정보에 불과한 점, 고지거부자의 인적사항의 공개와 공직자윤리법의 입법목적인 공직자의 청렴성과 직무수행의 공정성 확보는 서로 관련성이 없거나 있다 하더라도 간접적인 것에 불과한 반면, 고지거부자의 인적사항을 공개할 경우 그 고지거부자의 인격권 내지 사생활 등이 심각하게 침해될 우려가 있는 점 및 고지거부자의 지위, 고지거부제도의 취지 등에 비추어, 고지거부자의 인적사항의 비공개에 의하여 보호되는 이익보다 공개에 의하여 보호되는 이익이 우월하다고 단정할 수 없으므로, 결국 고지거부자의 인적사항은 공개하는 것이 공익을 위하여 필요하다고 인정되는 정보에 해당하지 않는다."

40) 대법원 2003. 12. 26. 선고 2002두1342 판결.
   대법원 2010. 2. 11. 선고 2009두6001 판결, 대학수학능력시험 수험생의 원점수정보에 관한 공개청구를 행정청이 거부한 사안에서, 원심이, 각 수험생의 인적사항에 관한 정보를 청구인이 공개청구한 것으로 보이지 않으므로 원점수정보가 공공기관의 정보공개에 관한 법률 제9조 제1항 제6호에서 정한 비공개대상정보에 해당하지 아니하고, 이와 달리 보더라도 원점수정보 중 수험생의 수험번호, 성명, 주민등록번호 등 인적사항을 제외한 나머지 부분만을 공개하는 것이 타당하다고 하면서도 주문에서는 원점수정보 공개거부처분의 전부를 취소한 것에 대하여, 당사자의 의사해석을 그르치거나 판결 주문 기재방법 등을 오해한 위법이 있음을 이유로 원심판결을 파기한 사례.

41) 대법원 2003. 3. 11. 선고 2001두6425 판결, 지방자치단체의 업무추진비 세부항목별 집행내역 및 그에 관한 증빙서류에 포함된 개인에 관한 정보는 '공개하는 것이 공익을 위하여 필요하다고 인정되는 정보'에 해당하지 않는다고 한 사례.

42) 대법원 2003. 3. 11. 선고 2001두724 판결 등.

43) 대법원 2003. 12. 12. 선고 2003두8050 판결, 공무원이 직무와 관련 없이 개인적인 자격으로 간담회·연찬회 등 행사에 참석하고 금품을 수령한 정보는 공공기관의정보공개에관한법률 제7조 제1항 제6호 단서 (다)목 소정의 '공개하는 것이 공익을 위하여 필요하다고 인정되는 정보'에 해당하지 않는다고 한 사례.

44) 대법원 2003. 12. 12. 선고 2003두8050 판결.

45) 대법원 2007. 6. 1. 선고 2006두20587 판결, 대한주택공사의 아파트 분양원가 산출내역에 관한 정보는, 그 공개로 위 공사의 정당한 이익을 현저히 해할 우려가 있다고 볼 수 없어 구 공공기관의 정보공개에 관한 법률 제7조 제1항 제7호에서 정한 비공개대상정보에 해당하지 않는다고 한 사례.

46) 대법원 2008. 10. 23. 선고 2007두1798 판결.

47) 대법원 2003. 4. 22. 선고 2002두9391 판결 참조.

정보공개란 무엇인가

펴낸날	초판 1쇄 2011년 11월 29일
	초판 3쇄 2017년 11월 3일

지은이	안상운
펴낸이	심만수
펴낸곳	(주)살림출판사
출판등록	1989년 11월 1일 제9-210호

주소	경기도 파주시 광인사길 30
전화	031-955-1350 팩스 031-624-1356
홈페이지	http://www.sallimbooks.com
이메일	book@sallimbooks.com

ISBN	978-89-522-1653-3 04080
	978-89-522-0096-9 04080(세트)

※ 값은 뒤표지에 있습니다.
※ 잘못 만들어진 책은 구입하신 서점에서 바꾸어 드립니다.

089 커피 이야기 eBook

김성윤(조선일보 기자)

커피는 일상을 영위하는 데 꼭 필요한 현대인의 생필품이 되어 버렸다. 중독성 있는 향, 마실수록 감미로운 쓴맛, 각성효과, 마음의 평화까지 제공하는 커피. 이 책에서 저자는 커피의 발견에 얽힌 이야기를 통해 그 기원을 설명한다. 커피의 문화사뿐만 아니라 커피에 대한 일반적인 정보 및 오해에 대해서도 쉽고 재미있게 소개한다.

021 색채의 상징, 색채의 심리

박영수(테마역사문화연구원 원장)

색채의 상징을 과학적으로 설명한 책. 색채의 이면에 숨어 있는 과학적 원리를 깨우쳐 주고 색채가 인간의 심리에 어떤 작용을 하는지를 여러 가지 분야의 사례를 통해 설명한다. 저자는 색에는 나름대로의 독특한 상징이 숨어 있으며, 성격에 따라 선호하는 색채도 다르다고 말한다.

001 미국의 좌파와 우파 eBook

이주영(건국대 사학과 명예교수)

진보와 보수 세력의 변천사를 통해 미국의 정치와 사회 그리고 문화가 어떻게 형성되고 변해왔는지를 추적한 책. 건국 초기의 자유방임주의가 경제위기의 상황에서 진보-좌파 세력의 득세로 이어진 과정, 민주당과 공화당의 대립과 갈등, '제2의 미국혁명'으로 일컬어지는 극우파의 성장 배경 등이 자연스럽게 서술된다.

002 미국의 정체성 10가지 코드로 미국을 말하다 eBook

김형인(한국외대 연구교수)

개인주의, 자유의 예찬, 평등주의, 법치주의, 다문화주의, 청교도 정신, 개척 정신, 실용주의, 과학·기술에 대한 신뢰, 미래지향성과 직설적 표현 등 10가지 코드를 통해 미국인의 정체성과 신념을 추적한 책. 미국인의 가치관과 정신이 어떠한 과정을 통해서 형성되고 변천되어 왔는지를 보여 준다.

058 중국의 문화코드

강진석(한국외대 연구교수)

중국의 핵심적인 문화코드를 통해 중국인의 과거와 현재, 문명의 형성 배경과 다양한 문화 양상을 조명한 책. 이 책은 중국인의 대표적인 기질이 어떠한 역사적 맥락에서 형성되었는지 주목한다. 또한, 구체적이고 실제적인 여러 사물과 사례를 중심으로 중국인의 사유방식에 대해 설명해 주고 있다.

057 중국의 정체성   eBook

강준영(한국외대 중국어과 교수)

중국, 중국인을 우리는 과연 어떻게 이해해야 하나? 우리 겨레의 역사와 직 · 간접적으로 끊임없이 영향을 주고받은 중국, 그러면서도 아직까지 그들의 속내를 자신 있게 말할 수 없는, 한편으로는 신비스럽고, 한편으로는 종잡을 수 없는 중국인에 대한 정체성을 명쾌하게 정리한 책.

015 오리엔탈리즘의 역사   eBook

정진농(부산대 영문과 교수)

동양인에 대한 서양인의 오만한 사고와 의식에 준엄한 항의를 했던 에드워드 사이드의 오리엔탈리즘. 이 책은 에드워드 사이드의 이론 해설에 머무르지 않고 진정한 오리엔탈리즘의 출발점과 그 과정, 그리고 현재와 미래의 조망까지 아우른다. 또한 오리엔탈리즘이 사이드가 발굴해 낸 새로운 개념이 결코 아님을 역설한다.

186 일본의 정체성   eBook

김필동(세명대 일어일문학과 교수)

일본인의 의식세계와 오늘의 일본을 만든 정신과 문화 등을 소개한 책. 일본인을 지배하는 이데올로기는 무엇이고 어떤 특징을 가지는지, 일본을 주목해야 하는 이유는 무엇인지 등이 서술된다. 일본인 행동양식의 특징과 토착적인 사상, 일본사회의 문화적 전통의 실체에 대한 분석을 통해 일본의 정체성을 체계적으로 살펴보고 있다.

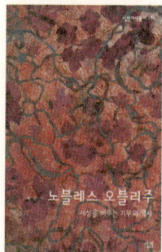

261 노블레스 오블리주 세상을 비추는 기부의 역사

예종석(한양대 경영학과 교수)

프랑스어로 '높은 사회적 신분에 상응하는 도덕적 의무'를 뜻하는 노블레스 오블리주. 고대 그리스부터 현대까지 이어지고 있는 노블레스 오블리주의 역사 및 미국과 우리나라의 기부 문화를 살펴보고, 새로운 시대정신으로 노블레스 오블리주를 부활시킬 수 있는 가능성을 모색해 본다.

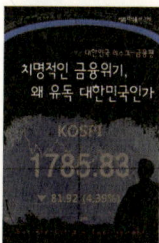

396 치명적인 금융위기, 왜 유독 대한민국인가 eBook

오형규(한국경제신문 논설위원)

이 책은 전 세계적인 금융 리스크의 증가 현상을 살펴보는 동시에 유달리 위기에 취약한 대한민국 경제의 문제를 진단한다. 금융안정망 구축 방안과 같은 실용적인 경제정책에서부터 개개인이 기억해야 할 대비법까지 제시해 주는 이 책을 통해 현대사회의 뉴노멀이 되어 버린 금융위기에서 살아남는 방법을 확인해 보자.

400 불안사회 대한민국, 복지가 해답인가 eBook

신광영(중앙대 사회학과 교수)

대한민국 사회의 미래를 위해서 복지는 선택이 아니라 필수라고 말하는 책. 이를 위해 경제 위기, 사회해체, 저출산 고령화, 공동체 붕괴 등 불안사회 대한민국이 안고 있는 수많은 리스크를 진단한다. 저자는 사회적 위험에 대응하기 위한 복지 제도야말로 국민 모두의 삶의 질을 높일 수 있는 길이라는 것을 역설한다.

380 기후변화 이야기 eBook

이유진(녹색연합 기후에너지 정책위원)

이 책은 기후변화라는 위기의 시대를 살면서 우리가 알아야 할 기본지식을 소개한다. 저자는 기후변화와 관련된 핵심 쟁점들을 모두 정리하는 동시에 우리가 행동해야 할 실천적인 대안을 제시한다. 이를 통해 독자들은 기후변화 시대를 사는 우리가 무엇을 해야 할 것인지에 대하여 생각해 볼 수 있을 것이다.

eBook 표시가 되어있는 도서는 전자책으로 구매가 가능합니다.

(주)살림출판사
www.sallimbooks.com
주소 경기도 파주시 문발동 522-1 | 전화 031-955-1350 | 팩스 031-955-1355